RECUEIL

DES

HISTORIENS DE LA FRANCE

OBITUAIRES

RECUEIL

DES

HISTORIENS DE LA FRANCE

PUBLIÉ

PAR L'ACADÉMIE DES INSCRIPTIONS ET BELLES-LETTRES

OBITUAIRES

SÉRIE IN-4°

TOME VII

******

PARIS

ACADÉMIE DES INSCRIPTIONS ET BELLES-LETTRES

MMXX

RÉPERTOIRE

DES

DOCUMENTS NÉCROLOGIQUES FRANÇAIS

PUBLIÉ SOUS LA DIRECTION DE

JACQUES VERGER

MEMBRE DE L'ACADÉMIE DES INSCRIPTIONS ET BELLES-LETTRES

PAR

JEAN-LOUP LEMAITRE

AUXILIAIRE DE L'ACADÉMIE

QUATRIÈME SUPPLÉMENT (2009-2020)

TABLE CUMULATIVE DES SUPPLÉMENTS (1980-2020)

PARIS

ACADÉMIE DES INSCRIPTIONS ET BELLES-LETTRES

MMXX

PRÉFACE

C'*est en 1902 que fut lancée par l'Académie des inscriptions et belles-lettres, à l'initiative d'Auguste Longnon et Auguste Molinier, la série* Obituaires *in-4° du* Recueil des Historiens de la France. *Mais cette série tomba en sommeil après la publication, en 1965, du second tome consacré à la province ecclésiastique de Lyon. C'est dans le courant des années 1970 que Pierre Marot, alors directeur de l'École des chartes et membre de l'Académie, décida de lui redonner vie. Il s'adressa pour cela à Jean-Loup Lemaitre, jeune ingénieur de recherche au CNRS qui s'était déjà fait connaître par quelques travaux sur la commémoration des défunts au Moyen Âge et les obituaires médiévaux. Nommé auxiliaire de l'Académie, celui-ci inaugura sa mission en publiant en 1980 le* Répertoire des documents nécrologiques français, *2 vol., Paris, 1980, riche de plus de 3300 numéros, qui rendait évidemment caduc l'ancien ouvrage d'A. Molinier,* Les obituaires français au Moyen Âge, *Paris, 1890, qui n'en comptait que quelque 650. Dans la préface qu'il donna au* Répertoire *de J.-L. Lemaitre, Pierre Marot rappelle avec précision les métamorphoses de cette entreprise éditoriale et expose les principes, plus pragmatiques, qui devaient désormais guider la nouvelle série* Obituaires *pour éviter les lourdeurs qui avaient fini par paralyser l'ancienne. Plutôt que de suivre un plan préétabli par provinces ecclésiastiques et diocèses tout en privilégiant arbitrairement les documents les plus anciens, on décida de publier les obituaires et autres documents nécrologiques établissement ecclésiastique par établissement ecclésiastique au fur et à mesure que l'opportunité scientifique s'en présenterait, mais en éditant la totalité de la documentation existante et en l'accompagnant de tous les index, tables et fac-similés nécessaires sans préjuger des usages qui pourraient en être faits ultérieurement par les historiens.*

Le chantier ainsi ouvert était considérable. Le premier volume de la nouvelle série, désormais publiée dans le format in-8°, sortit en 1984, consacré aux documents nécrologiques de l'abbaye Saint-Pierre de Solignac. Vingt autres ont suivi, sous la direction de Pierre Marot puis de Jean Favier puis de moi-même, toujours dus à Jean-Loup Lemaitre, parfois seul, parfois entouré de collaborateurs compétents qu'il avait su réunir. Le volume XXII, Les obituaires des églises du Puy, *encore dû à Jean-Loup Lemaitre, est sous presse et d'autres sont en préparation.*

Tout en poursuivant sans relâche cette entreprise éditoriale au long cours, Jean-Loup Lemaitre n'a évidemment pas cessé, au cours des quarante dernières années, d'une part de multiplier les éditions de sources et travaux divers dont le volume de Mélanges qui lui a été récemment offert permet de mesurer l'ampleur et la diversité[1]*, d'autre part de poursuivre les dépouillements et investigations archivistiques et bibliographiques relatifs aux documents nécrologiques français du Moyen Âge. Dans son* Répertoire *de 1980, qu'il avait déjà fallu pourvoir* in extremis *d'un petit appendice, il en avait recensé, je l'ai dit, plus de 3300 : documents manuscrits, documents publiés, copies modernes, documents fragmentaires ou même connus simplement par des mentions dans des sources diverses.*

Cette liste, déjà impressionnante, n'a cessé de s'enrichir depuis 1980 grâce à des dépouillements bibliographiques plus poussés, aux éditions procurées çà et là par des érudits, à l'apparition, ou la réapparition, de manuscrits inconnus ou oubliés à l'occasion de ventes, de classements ou de recollements d'archives ou de bibliothèques.

Jean-Loup Lemaitre a donc été amené à publier régulièrement des suppléments à son répertoire initial. Le premier a paru en 1987, le second en 1992, tous deux pourvus d'une préface de Pierre Marot, inspirateur premier de l'entreprise, un troisième a suivi en 2008. « Ce troisième supplément est le dernier publié par nos soins », écrivait alors Jean-Loup Lemaitre dans son avant-propos. Annonce imprudente. Douze ans plus tard, la somme de matériaux accumulés l'amène à donner au public savant un quatrième supplément dont il annonce à nouveau qu'il sera le dernier. Faut-il l'en croire ? Ce n'est pas à moi de le dire. Je constate simplement que, malgré les conditions difficiles que traverse le travail scientifique à l'heure où j'écris ces lignes, comme d'ailleurs toutes les activités de notre pays, l'intérêt de Jean-Loup Lemaitre pour les documents nécrologiques médiévaux ne faiblit pas, sa confiance en leur fécondité pour la recherche historique est intacte et ses projets d'édition sont toujours aussi nombreux.

Disons un mot pour terminer des apports de ce Quatrième supplément au Répertoire des documents nécrologiques français *qui, publié comme les précédents dans le traditionnel format in-4°, manifeste ainsi, par-delà le renouvellement impulsé depuis 1984, la continuité de l'entreprise plus que séculaire lancée jadis par Longnon et Molinier. La liste des « nouveaux obituaires retrouvés ou publiés entre 2009 et 2020 », qui en constitue le cœur, compte près de 140 numéros. Quelques-uns attirent particulièrement l'attention pour leur intérêt historique évident. Relevons par exemple un fragment de nécrologe de Cluny repéré à la British Library, plusieurs documents parisiens dont deux obituaires médiévaux de Notre-Dame et le Livre du*

1 Jean-Loup Lemaitre, Precamur fraternitatem vestram. *Autour des livres, du nécrologe au martyrologe. Choix d'articles publiés de 1984 à 2009*, textes réunis par Patrick Henriet avec la collaboration de Pauline Bouchaud (École pratique des Hautes Études. Sciences historiques et philologiques – V, Hautes Études médiévales et modernes, 112), Genève, 2019.

chapitre des Célestins et enfin une riche moisson de documents strasbourgeois et alsaciens mis en valeur par la thèse toute récente et quelques articles également récents d'Anne Rauner.

Viennent ensuite une table des établissements concernés et un index des manuscrits, d'autant plus précieux qu'ils sont cumulatifs et recensent en fait toutes les mentions contenues dans l'appendice du Répertoire *et dans les quatre* Suppléments *successifs.*

Le volume se termine par un choix de seize planches en couleurs, pour la plupart inédites, qui, à titre informatif, donnent à voir quelques beaux folios des documents les plus originaux recensés dans ce Quatrième Supplément, *tels les obituaires parisiens cités plus haut (pl. 4 à 8) ou celui du grand hôtel-Dieu de Meaux récemment retrouvé et déposé aux Archives nationales (pl. 10 et 11).*

C'est dire que ce Quatrième Supplément, *à l'instar du* Répertoire *et plus encore que les suppléments précédents, sera un instrument de travail particulièrement utile pour tous ceux qui, en collaboration avec Jean-Loup Lemaitre ou à sa suite, voudront continuer à éditer, commenter et exploiter la riche documentation nécrologique que nous a léguée le Moyen Âge et dont l'intérêt pour l'histoire non seulement religieuse mais économique, sociale, culturelle et politique n'est plus à démontrer.*

Jacques VERGER

RÉPERTOIRE DES DOCUMENTS NÉCROLOGIQUES FRANÇAIS

NOUVEAUX OBITUAIRES RETROUVÉS OU PUBLIÉS ENTRE 2009 ET 2020

Nous avons publié de 1980 à 2008 dans le « Recueil des Historiens de la France » un *Répertoire des documents nécrologiques français*[1], dirigé de 1980 à 1991 par Pierre Marot, de 1992 à 2014 par Jean Favier, et depuis 2015 par Jacques Verger, membres de l'Académie des inscriptions et belles-lettres. Ce *Répertoire* paru en 1980 a été suivi de plusieurs suppléments, publiés de 1987 à 2008[2] (quelques additions figurant même en appendice dans le *Répertoire*). Les nouveaux documents répertoriés ici sont, soit des documents passés en vente publique, soit des documents entrés dans des fonds d'archives départementales à la suite de dépôts récents, soit des documents conservés dans des fonds récemment classés, soit des documents qui n'avaient jusqu'alors pas été signalés, comme ces deux obituaires du XIVᵉ et du XVᵉ siècle retrouvés en 2010 dans une armoire du trésor du chapitre de Notre-Dame de Paris, ou l'obituaire, malheureusement incomplet, du grand hôtel-Dieu de Meaux, retrouvé en 2014 dans les archives du collège de Juilly, tenu par les Oratoriens de 1638 à 2012, versées depuis aux Archives nationales[3], soit même des documents qui nous avaient échappé ou qui n'avaient pas été initialement retenus, comme certains calendriers avec des additions d'obits.

Retenons aussi l'identification d'un fragment de nécrologe clunisien de la première moitié du XIIᵉ siècle conservé à la British Library dans le fonds Harley (ms. 4978, f. 1ʳ-3ᵛ). La présence de ce fragment nous avait été signalée par notre collègue Nigel Ramsay, professeur à l'University College de Londres, d'après une note de C. Plummer dans son édition de 1896 de l'*Historia ecclesiastica gentis Anglorum* de Bède. Si le nécrologe de la grande abbaye mâconnaise est perdu, il est toutefois connu à travers les exemplaires envoyés dans les principaux prieurés de l'ordre ou aux abbayes associées comme Saint-Martial de Limoges ou Moissac. Ce fragment s'ajoute à celui du prieuré de San Zoilo de Carríon de los Condes retrouvé récemment dans la bibliothèque du collège de Saint-Stanislas de Salamanque[4].

1. Voir B. Barbiche, dans *Revue d'histoire de l'Église de France*, t. 68 (1982), p. 127-128 ; – t. 75 (1989), p. 217 ; – t. 82 (1996), p. 353 ; – t. 95 (2009), p. 84.

2. *Répertoire des documents nécrologiques français... Supplément*, Paris, 1987, 150 p. – *Deuxième supplément (1987-1992)*, Paris, 1992, 58 p. – *Troisième supplément (1993-2008)*, Paris, 2008, 160 p.

3. Voir J.-L. Lemaitre, « L'obituaire du grand hôtel-Dieu de Meaux », dans *Journal des Savants*, 2015, p. 241-272.

4. Voir Fr. Neiske, C. M. Reglero de la Fuente, « Das neu endeckte Necrolog von San Zoilo de Carrión de los Condes. Ein Beitrag zum Totengedenken der Abtei Cluny », dans *Frühmittelalterliche Studien*, t. 41 (2007), p. 141-184, pl. XIV-XV.

On ajoutera pour mémoire à la bibliographie publiée dans le précédent supplément, annexe I, p. 83-140, notre recueil d'articles, *Precamur fraternitatem vestram*..., Genève, 2019[1].

Le diocèse de Strasbourg occupe une place privilégiée dans ce supplément, bien qu'il n'y figure pas de documents anciens ou exceptionnels. Les obituaires du diocèse de Strasbourg, et accessoirement de Spire, constituent une des sources principales de la thèse d'Anne Rauner, *Ce que les morts doivent à l'écrit. Documents nécrologiques et système documentaire de la* memoria *au Bas Moyen Âge (diocèse de Strasbourg)*, soutenue devant l'université de Strasbourg le 3 février 2020. Anne Rauner a relevé de nombreuses mentions d'obituaires de paroisses ou dans une moindre mesure d'établissements religieux (*seelbuch*) tardifs, mais aussi perdus, mentionnés dans des inventaires ou dans d'autres textes, ainsi que des listes de défunts (registres des vivants et des morts de confréries), souvent limités à quelques feuillets et qui ne sont pas à proprement parler des obituaires en usage pour la liturgie des défunts. Nous renvoyons à sa thèse pour ces nombreuses mentions[2]. Elle a par ailleurs pu bénéficier des remarques faites par M. Bernhard Metz, ancien conservateur des archives municipales de Strasbourg, corrigeant ou complétant les notices du *Répertoire*. Nous n'avons retenu ici que les seuls obituaires constitués.

Comme les précédents, les additions suivent l'ordre du *Répertoire*. Les numéros sont ceux du *Répertoire*, suivis de ***bis*** pour les nouveaux établissements répertoriés, et de ***a***, ***b***, etc., pour les nouveaux manuscrits provenant d'établissements figurant déjà dans le *Répertoire*, avec toutefois une exception pour les paroisses du diocèse de Strasbourg.

1. J.-L. Lemaitre, Precamur fraternitatem vestram. *Autour des livres, du nécrologe au martyrologe. Choix d'articles publiés de 1984 à 2009.* Textes réunis par P. Henriet, Genève, Droz, 2019 (Hautes études médiévales et modernes, 112).

2. Voir aussi A. Rauner, « Informer les vivants pour sauver les morts. Premières esquisses du système documentaire de la commémoration des défunts à la fin du Moyen Âge (diocèse de Strasbourg) », dans *Les actes du CRESAT*, n° 15 (2018), p. 139-152. — Id., « Managing a living book. The planned and the used of the page surface in parish obituaries in late medieval diocese of Strasbourg », dans V. Debiais et V. Turner, *Words in the Middle Ages* (Utrecht Studies in Medieval Literacy), Turnhout, 2020.

DIOCÈSE DE LYON

LYON. — Chapitre cathédral Saint-Jean.

(Rhône, ch.-l. de dép.)[1].

Obituaires perdus.

5 a. Dans leur édition, *Obituaires du diocèse de Lyon*, t. I, p. 22-24, Georges Guigues et Jacques Laurent font état (sigle *F*) de la rédaction de deux obituaires, l'un en 1448, l'autre après 1546, considérés comme perdus. L'un de ces obituaires était entré en possession de l'abbé Bernard Merlette, après 1980, qui a cédé ce ms. au libraire Alain de Grolée-Virville, alors 19 rue de Valois, au Palais Royal, à Paris, qui l'a revendu un collectionneur américain non identifié.

(Communication de l'abbé B. Merlette, 14 janv. 2016).

SAINT-MARCEL-D'URFÉ. — Communauté des prêtres de l'église paroissiale.

(Loire, c^{on} de Saint-Just-en-Chevalet).

Obituaire et livre de fondations, 1558. – **Pl. 1**.

151 *bis*. – Coll. part. (dépôt actuel inconnu)[2].

1558, papier, texte dans un encadrement rubriqué, foliotation contemporaine, f. I à f. LXXVIII <et au-delà>, quaternions avec signatures. Rubriques, grandes lettrines ornées à la plume sur une hauteur de 9 lignes, rehaussées de rouge. Reliure contemporaine avec fermoir métallique.

Calendrier liturgique en latin, avec lettres dominicales, en continu. Les obits et fondations sont en français, les titres et certains textes étant rubriqués. Récapitulatif à la fin de chaque mois.

f. 1. Les dimenches. **A**u nom de saincte Trinité, du Pere, du Filz et du benoit sainct Esperit. Amen.

S'ensuyvent toutes les charges des fondations et legatz faictz a l'euvre de la comunaulté de messieurs les curés, pbrestres et desserviteurs de l'esglise perrochiale de Sainct Marcel. Lesquelles fondations ont esté faictes et redigees de nouveau ensemble par discrete personne messire Estienne de Faya, pbrestre de la dicte esglise de Saint Marcel, tant a son privé nom et a sa faveur que des aultres fondateurs, lesquelles fondations ont esté commencees l'an mil cinq cens et seize, et ce du temps que ledict de Faya a esté pbrestre et non devant jusques a la datte du jour d'huy troisieme d'octobre l'an mil cinq cens cinquante et huict.

1. Les localisations des établissements sont celles qui étaient antérieures à la réforme des cantons de 2013-2014, correspondant aussi à celles du *Répertoire*, des *Pouillés* publiés par l'Académie des inscriptions et belles-lettres, ou des divers instruments de travail propres à l'érudition française.

2. Six photographies (soit 10 p.) nous en ont été communiquées en mars 2014 par la libraire alors chargée de le mettre en vente, sans autre précision.

f. 13. Noble et puissant seigneur Claude Raybe dict Galles, escuyer, seigneur de Saint Marcel[1], du Charroyl, Chazisson, Chadebnac et Mestrenac en Velay, et noble demoyselle de Sainct Marcel Anne de la Liegue sa femme, esmeuz de devotion et piété, et pour le salut de leurs ames et de leurs predecesseurs parents et amys trespassés de la noble maison de Saint Marcel, ont voulu et veullent de bene esse estre dicte la premiere messe en l'esglize perrochialle dudit Sainct Marcel par les curés et pbrestres et desserviteurs dudit lieu...

f. 17. Janvier. S'ensuivent les charges a perpetuité des fondations de l'esglise perrochiale de Saint-Marcel que les curés, pbrestres et deserviteurs dudict Sainct Marcel sont tenus faire et dire et celebrer de leur pouvoir ung chescung an et chescung mois de toute l'annee suivant les jours mentionés et ordonnés desdictes fondations par les fondateurs cy aprés contenus en ce present livre en maniere de kalendrier comme s'ensuit faict et commencé le trosieme novembre mil cinq cens cinquante huict.

Le mois de janvier.

KL. Januarius habet dies XXXII. Luna XXX.

Nox habet horas XVI. Dies vero VIII.

f. 44. Le mois de juing.

f. 51. Le mois de juliet.

f. 78. L'enterrement de messire Estienne de Faya de Saint Marcel...

DIOCÈSE D'AUTUN

AUTUN. — Abbaye Saint-Andoche, moniales.

(Saône-et-Loire, ch.-l. d'arr.).

Obituaires, XIIIe-XIVe siècles.

160-162. – Arch. dép. de Saône-et-Loire, H 708-710.

162 *a*. – Autun, bibl. mun., ms. P 88.

ÉDITÉ : Nathalie VERPEAUX, *Les obituaires de l'abbaye Saint-Andoche d'Autun*, publ. sous la dir. de Jean FAVIER et de Jean-Loup LEMAITRE, Paris, 2011 (Recueil des Historiens de la France. Obituaires, sér. in-8°, vol. XI).

AUTUN. — Collégiale Notre-Dame-du-Châtel.

(Saône-et-Loire, ch.-l. d'arr.).

Livre des fondations, donné par le chanoine Jehan Drouhot en 1478. – **Pl. 2-3**.

175 *bis*. – Mâcon, arch. dép. de Saône-et-Loire, 10 G 4.

XVe siècle, parchemin et papier, 290 × 207 mm, reliure contemporaine, veau sur ais de bois, gardes supérieures faites de deux bifolios d'un traité de droit canonique glosé, garde antérieure faite d'un seul fol., collé sur le contreplat, XIVe siècle.

1. Voir G. JOURDA DE VAUX, *Le nobiliaire du Velay et de l'ancien diocèse du Puy*, t. V, Le Puy-Lyon, 1928, p. 167-170. Cette fondation confirme la provenance du manuscrit.

Table (un cahier papier de 6 fol. non paginés dont 2 écrits), fondations (2 fol. parch. non paginés, fol. parch. paginés 1-93, 1 cahier papier de 6 fol. dont 4 écrits paginés 95-101, 1 fol. parch. non paginé, 2 fol. parch. paginés 109-111, 4 fol. parch. non paginés).

Ms. distrait du fonds départemental et réintégré en 2010.

FAC-SIMILÉ : ms. consultable en ligne sur le site des archives de Saône-et-Loire.

INDIQUÉ : Arnaud MONTREUIL, "Ob remedium et salutem animae" *: la commémoration des défunts et le livre des fondations de Notre-Dame-du-Châtel d'Autun*, mémoire de maîtrise, université Laval, Québec, 2014. — ID., « La nécessaire déconstruction d'un manuscrit complexe : l'analyse codicologique du livre des fondations de Notre-Dame d'Autun », dans *Actes du 14e colloque Artefact*, Québec, université Laval, 2015, p. 21-44. — ID., « "Au miroir des anniversaires" : la commémoraison des morts dans le livre des fondations de la collégiale Notre-Dâme-du-Châtel d'Autun (1468-1649) », dans *Memini. Travaux et documents, revue annuelle de la Société des études médiévales du Québec*, t. 21 (2017) [en ligne sur Revues.org.].

DIOCÈSE DE MÂCON

CLUNY. – Abbaye chef d'ordre.

(Saône-et-Loire, ch.-l. de c^{on}).

Fragment du nécrologe, XIIe siècle.

299. Londres, British Library, ms. Harley 4978, f. 1^{v}-3^{v}.

XIIe siècle (première moitié), parchemin, 240 × 185 mm, 3 fol., détachés avec talons, montés sur onglets, f. 3^{v} en partie effacé et taché. Reliés en tête d'un ms. de la fin du IXe siècle renfermant notamment ff. 8^{r}-148^{v} l'*Historia ecclesiastica gentis Anglorum* de Bède, suivie f. 148^{v}-151 d'une courte collection canonique. Ms. acheté le 13 août 1724 par Edward Harley (cf. f. 1^{r}), vendu en 1753 à la nation par la duchesse de Portland. Ces trois feuillets ont vraisemblablement été utilisés dans l'ancienne reliure du ms. et remontés sur onglets lors de sa restauration en février 1965 (traces au f. 3^{v}).

Fragment d'un nécrologe de Cluny, semblable dans sa mise en page au premier nécrologe de Saint-Martial de Limoges (BnF, ms. lat. 5257) ou à celui de Carion de los Condes avec texte en vis-à-vis sur deux pages : au verso les religieux de la congrégation, au recto les *familiares*. Les rédactions suivantes du nécrologe répartissent les textes en deux colonnes sur une même page. Le calendrier romain a été rubriqué mais l'encre rouge s'est presque partout décomposée. Le talon du f. 3, un peu plus large, replié à l'envers porte les traces des fins de ligne écrites au verso et correspond au 26 août – 5 septembre, formant le diplôme externe du cahier avec le f. 3.

Le texte se répartissait ainsi sur un quaternion pour la période du 26 août au 25 novembre :

† f. *a*^{r} [talon de f. 3] [*15 août-25 août*] | *a*^{v} [**26 août – 5 septembre**] . <**fins de lignes*>.

f. 1^{r} = 26 août – 5 septembre. | f. 1^{v} = **6 septembre – 16 septembre**.

† f. b^{r} = 6 septembre – 16 septembre. | b^{v} 17 septembre – 27 septembre. > perdu.

† f. c^{r} = 17 septembre – 27 septembre. | c^{v} 28 septembre – 8 octobre. > perdu.

f. 2^{r} = 28 septembre – 8 octobre. f. 2^{v} = **9 octobre – 20 octobre**.

† f. c^{r} = 9 octobre – 20 octobre. | f. c^{v} = 21 octobre – 31 octobre. > perdu.

† f. e^{r} = 21 octobre – 31 octobre | f. e^{v} = 1er novembre – 11 novembre. > perdu.

f. 3^r = 1er novembre – 11 novembre. | f. 3^v = **12 novembre – 25 novembre.**

SCHÉMA DU CAHIER (en gras, les f. conservés).

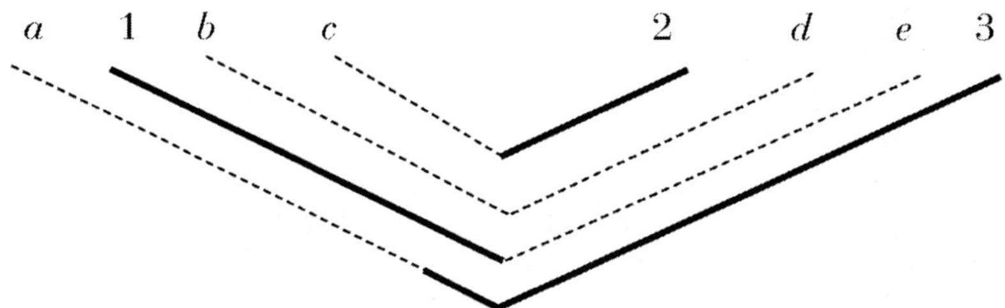

Les rectos n'ont pratiquement pas été utilisés : une add. fol. 1^r, VII KAL. SEPT. : *Welagesua* (lemme absent de la *Synopse*), une seconde au f. 2^r le VIII ID. OCT. : *Termarus* (*id.*). Une add. plus tardive, non nécrologique (XIIe siècle) dans le blanc de pied au f. 3^r : *uxor defuncti Almarrici \de Levesvilla/ debet duos modios tritici.* – Addition XIIIe siècle f. 1^r, dans le blanc de tête, d'une note de comput pascal : *post martis nonas ubi sit nova luna requiras que postam fuerit bis septima Pasca patebit. Ave Maria,* et ajout moderne de huit portées de quatre lignes et une de trois lignes (inutilisées) sur le même f. 1^r.

Les fol. verso comptent en moyenne onze jours par page. Le nécrologe devait donc compter environ 32 f. (soit quatre quaternions), mais on ignore s'il faisait partie d'un livre du chapitre (avec martyrologe, règle de saint Benoît...), ce qui est le cas des nécrologes clunisiens connus.

Cf. f. 1^v. VII KAL. SEPT. *Amalgerius. Benedictus. Ingelfredus. Grimardus. Bernardus. Eldricus. Amblardus. Gausfredus. Ildigerius. Rainaldus. Johannes. Raimundus. Armannus. Arduinus. Rainaldus. Oddo.* Ces entrées correspondent à celles des nécrologes de Saint-Martial, Marcigny, Saint-Martin-des-Champs, Longpont (n°s 4-17)... cf. *Synopse*, t. 2, p. 598-499. Un seul défunt porte une indication d'origine, en interligne, le 11 septembre : III ID. SEPT. ... | *Girardus prior Caritatis primus*, présent en addition dans le nécrologe de Marcigny, de première main dans le second nécrologe de Saint-Martial et dans celui de Saint-Martin-des-Champs, avec cette mention marginale soulignée de rouge *prior de Caritate* (Mazarine 3347, *Synopse*, p. 508, n° 38). Gérard est prieur de la Charité de 1056 à 1085 [1].

Les additions dans la page réservée aux *fratres* sont peu nombreuses et ne permettent pas d'affiner la provenance de ce fragment, comme XVIII KAL. OCT. [15 sept.]...| *Willelmus*. Les quelques abbés inscrits dans les feuillets conservés sont présents dans le fonds clunisien des nécrologes publiés dans la *Synopse*.

L'addition portée dans le blanc de pied au f. 3^r : *uxor defuncti Almarrici \de Levesvilla/ debet duos modios tritici (*XIIe s.) pose problème. Elle a été relevée par le rédacteur anonyme de la note collée en tête du ms. Le troisième obituaire de Josaphat (diocèse de Chartres), copie faite après 1554 (BnF, lat. 9224) a le IIII KAL. OCT. (28 sept.) *Ob. Almaricus de Levesvilla*, et à propos de l'obit du doyen Hugues (c. 1206 sept.) l'obituaire du XIIe siècle du chapitre cathédral

1. Cf. R. DE LESPINASSE, *Cartulaire du prieuré de la Charité sur-Loire (Nièvre)*, Nevers-Paris, 1887, p. VI, 201-203 (fondation du prieuré Saint-Julien de Sézane en 1085). Voir aussi la donation de Saint-Christophe en Halatte à la Charité en 1083, *Cartulaire de Saint-Christophe en Hallatte*, éd. A. VATTIER, Senlis, 1876, p. 5.

de Chartres (Chartres, bibl. mun., 1032, inutilisable) le 5 mai : … *Adquisivit etiam decimam quandam apud eandem villam* [Pithiviers] *quam Almaricus de Levesvilla, miles, possidebat et a decano tenebat in feodum…* [*Obituaires de Sens*, t. II, p. 65], mais il n'y a aucun prieuré clunisien conventuel susceptible de faire l'office du chapitre dans le diocèse de Chartres…

La première ligne du XVIII KAL. OCT. (14 sept.) a été grattée et le texte commence avec *Aiglerius* (cf. *Synopse*, p. 514).

On est en présence d'un nouveau témoin du nécrologe de Cluny, d'un manuscrit préparé à l'abbaye à partir du nécrologe domestique (f. v°)et destiné à recevoir localement les additions des *familares* (f. r°) mais qui n'a pratiquement pas été utilisé à cette fin (deux add. de *familiares*, *Welagesua* et *Termarus*). L'addition (non nécrologique) f. 2v de la dette de la veuve d'Amaury de Levesville, petit seigneur vassal de l'évêque de Chartres laisse entendre que le ms. a circulé en pays chartrain au XIIe siècle, sans doute détourné de sa destination originelle avant d'arriver en Angleterre… et de finir dans l'atelier d'un relieur après la Dissolution.

On pense bien sûr comme destination possible du nécrologe aux premières fondations clunisiennes en Angleterre, Lewes, certes, dans le Sussex, première fondation directe de Cluny en Angleterre, vers 1077, *surrended* en 1537[1], mais surtout aux fondations suivantes de Much Wenlock, prieuré établi en 1080-1081 par Roger de Montgomery, comte de Shreswsbury, dans le Shropshire, qui s'adressa directement au prieuré de la Charité Gérard, Bermondsey dans le Surrey, fondé en 1082, ou de Saint-André de Northampton, fondé en 1084 par Simon de Senlis, comte de Northampton, en suivant la même démarche, prieurés supprimés en 1538-1539, ce qui expliquerait que l'on ait jugé utile de préciser pour Gérard, « premier prieur de la Charité ».

Voir *Synopse der cluniacensischen Necrologien*, avec la collaboration de Wolf-Dieter HEIM, Joachim MEHNE, Franz NEISKE et Dietrich POECK, édité par Joachim WOLLASCH, Munich, 1982 (Münstersche Mittelalter-Schriften, 39). – Franz NEISKE, Carlos Manuel REGLERO DE LA FUENTE, « Das neu endeckte Necrolog von San Zoilo de Carrión de los Condes. Ein Beitrag zum Totengedenken der Abtei Cluny », dans *Frühmittelalterliche Studien*, t. 41 (2007), p. 141-184, pl. XIV-XV.

FAC-SIMILÉ : Ms. en ligne sur le site de la British Library.

INDIQUÉ : Charles PLUMMER, *Venerabilis Baedae Historiam ecclesiasticam gentis Anglorum…*, Oxford, 1896, t. I, p. XCVIII-C*.

*Signalé par M. Nigel Ramsay, University College London. Merci également à Franz Neiske pour la relecture de cette notice.

DIOCÈSE DE ROUEN

FÉCAMP. — Abbaye de la Trinité, moines noirs.

(Seine-Maritime, ch.-l. de con).

Fragment du nécrologe, XIe-XIIe siècle.

359 a. – Paris, BnF, Nouv. acq. lat. 2389, fol. 33-34.

1. Voir Dom L. GUILLOREAU, « Les prieurés anglais de l'ordre de Cluny », dans *Revue Mabillon*, t. 8 (1912), p. 3-42 et 159-188 et J. MCNEILL et E. FERBIE, « Cluny en Angleterre », dans *Cluny, 910-2010, onze siècles de rayonnement*, Paris, 2010, p. 370-379.

Ces deux feuillets, datables de la fin du XIe ou du début du XIIe siècle, répertoriés dans le *Supplément* de 1984, p. 139, n° **342a**, et attribués alors à l'abbaye du Bec-Hellouin proviendraient en fait du nécrologe primitif de la Trinité de Fécamp, selon Stéphane Lecouteux, auteur d'une communication sur ce sujet au 140e Congrès national des Sociétés savantes de Reims, en 2015.

INDIQUÉ : Stéphane LECOUTEUX, « Associations de prières et confraternités spirituelles : des unions éphémères ou pérennes ? Enquête autour du réseau de confraternité de l'abbaye de la Trinité de Fécamp (XIe-XVe siècles) », dans Nicole LEMAITRE (dir.), *Réseaux spirituels et religieux : du Moyen Âge à nos jours*, Paris, Édition électronique du CTHS (Actes des congrès des Sociétés historiques et scientifiques), 2016, p. 75-92.

DIOCÈSE DE LISIEUX

SAINT-ÉVROUL. — Abbaye, moines noirs.

(Orne, c^on^ de La Ferté-Frênel, c^ne^ de Saint-Évroult-Notre-Dame-du-Bois).

Nécrologe, XIIIe siècle.

538. – Paris, BnF, lat. 10062.

INDIQUÉ : Jean-Loup LEMAITRE : « Un réseau privilégié : les confraternités de l'abbaye de Saint-Évroul aux XIIe-XIIIe siècles », dans Nicole LEMAITRE (dir.), *Réseaux spirituels et religieux : du Moyen Âge à nos jours*, Paris, Édition électronique du CTHS (Actes des congrès des Sociétés historiques et scientifiques), 2016, p. 93-100.

DIOCÈSE DE TOURS

BEAUMONT-LÈS-TOURS. — Abbaye Notre-Dame, moniales.

(Indre-et-Loire, c^on^ et c^ne^ de Tours).

État des obits, XVIIe siècle.

574 a. – Solesmes, bibl. de l'abbaye Saint-Pierre, LL c/5-12.

XVIIe siècle, papier, 137 × 210 mm, 4 fol.

Cahier inséré à la fin du *Cérémonial à l'usage des Dames religieuses de l'abbaye royale de Notre-Dame de Beaumont-lez-Tours*, imprimé à Tours pour Michel Duval, marchand-libraire rue de la Scellerie, par ordre de Madame Gabrielle de Rochechouart de Mortemart, abbesse..., 1694.

Fondations dans l'église de Beaumont.

Obits et services qui se font dans cette abbaye fondéz et non fondéz...

Deux mémoires sont antérieures à 1500, celle de Guillaume de La Cuisse (1336), le 27 janvier, et de Mr de Zonzay (1499), le 23 décembre.

Dom Oury pensait qu'une réduction des obits avait été faite au XVIe siècle, après l'affiliation de l'abbaye à la congrégation de Chezal-Benoît.

ÉDITÉ : [Dom Guy-Marie OURY], « Obituaire de l'abbaye de Beaumont-lès-Tours », dans *Bulletin trimestriel de la Société archéologique de Touraine*, t. 33 (1962), p. 232-237.

DIOCESE DE SAINT-MALO

DINAN. – Église Saint-Sauveur.

(Côtes-du-Nord, ch.-l. d'arr.).

Obituaire, 1527.

785. – Dinan, bibl. mun., ms. 50-69.

ÉDITÉ : *L'obituaire de l'église Saint-Sauveur de Dinan*, publié sous la direction de Jacques VERGER par Laurent GUITTON, avec la collaboration de Jean-Loup LEMAITRE, Paris, 2021 (Recueil des Historiens de la France, Obituaires, sér. in-8°, vol. XXIII).

DIOCÈSE DE SENS

SENS. — Chapitre cathédral Saint-Étienne.

(Yonne, ch.-l. d'arr.).

Calendrier obituaire, en tête d'un missel à l'usage de la chapelle Saint-Michel *in Turre*.

815 a. – Coll. part. (dépôt actuel inconnu).

XIIe siècle (fin)-XIIIe siècle (début), parchemin, 210 × 290 mm, 8 fol. [1er cahier d'un ms. dépecé].

f. 1-6 : Calendrier liturgique avec degré de solennité des offices. Additions marginales d'obits et d'anniversaires, XIIIe siècle, certains des obits ajoutés sur ce calendrier se retrouvant dans l'obituaire du chapitre cathédral et dans celui de la léproserie du Popelin (*Galterus, archiepiscopus Senonensis, G. dictus de Labroce, condam archiepiscopus Senonensis, Fredelina, Gilo de Tornello, Pettus de Medonta, Giraudus, presbiter canonicus, Andreas sacertos et canonicus, Milo Ferens Crucem, sacerdos*… Cf. *Obituaires de Sens*, t. I).

Voir les mss Provins, bibl. mun., 11, Sens, bibl. mun.15 [*Répertoire*, n°s 814-815] qui sont l'un et l'autre des calendriers-obituaires placés en tête d'un missel, celui du ms. Sens, bibl. mun. 15, étant à l'usage de l'autel Sainte-Croix dans la cathédrale.

Ms. vendu à Paris, à l'hôtel Drouot, le vendredi 21 janvier 2011, à un particulier pour 6500 €.

INDIQUÉ : KAPANDJI - MORHANGE, *Vente aux enchères publiques, Hôtel Drouot, salle 9, Jeudi 20 - Vendredi 21 janvier 2011. Intéressants livres, autographes, manuscrits et documents provenant de trois bibliothèques et à divers*, Paris, 2011, p. 110-111, lot n° 506.

CHÂTEAU-LANDON. — Abbaye Saint-Séverin, genovéfains.

(Seine-et-Marne, ch.-l. de c^on^).

« Nécrologe », XVIIe siècle.

822 *bis*. – Dammarie-les-Lys, arch. dép. de Seine-et-Marne, 106 H 3* (H 60).

XVIIe siècle, papier, in-folio, 32 fol.

« Nécrologe », de 1615 à 1650.

Livre des anniversaires, rédigé en latin, renfermant essentiellement des bienfaiteurs de l'abbaye, depuis « Childebert, fils de Clovis… »

« Dom Richer, archevêque de Sens, bienfaiteur de l'abbaye; – messire Nicolas Hacqueville, chanoine de l'église Notre-Dame de Paris, président au Parlement de cetteville, mort en 1501, bienfaiteur de Saint Séverin au temps de la Réformation; – nobles hommes Adam de Villebéon et Guillaume de Moret; Guillaume Poray, prieur de Sainte-Croix; – frère Raoul de la Motte, curé et chanoine de Saint-Séverin, supplicié par les hérétiques; – frère Thomas Ledieu, profès de Saint-Sauveur de Melun; – R.-P. Natalis Osould, abbé et chanoine de Saint-Séverin, mort le 11 mars 1540; Thomas Pasquier, jadis prieur de Saint-Sauveur de Melun; – R. P. Nicolas Riotte, prieur claustral de Saint-Séverin, trépassé le 5 mai 1649; – vénérable maître Thomas Varnet, chambrier, fameux théologien de Paris; – messire Jean de Maincy, jadis abbé de Saint-Séverin; – frère Claude Midorge, prêtre et profès de Saint-Séverin,d'une maison noble et illustre de Paris, mort le 3 jour des calendes d'août 1616; – messire Jacques d'Aubusson de La Feuillade, abbé commendataire de Saint-Séverin, qui fit de grands bien à son abbaye; – MM. Philippe de Soisiy et Clément de Villiers, aussi abbés de l'église Saint-Séverin; – le Roi très chrétien Childebert, fils de Clovis, premier fondateur et bienfaiteur de labbaye, etc. » [Lemaire, p. 16].

Indiqué : Côme Lemaire, *Inventaire sommaire des archives départementales antérieures à 1790. Seine-et-Marne. Archives ecclésiastiques*, t. II, Paris, 1864, p. 16. – Non cité dans Nicolas Petit, *Prosopographie genovéfaine*, Paris, 2008 (Matériaux pour l'histoire, publiés par l'École nationale des chartes, 6).

MELUN. — Hôpital Saint-Nicolas.

(Seine-et-Marne, ch.-l. de dép.).

Obituaire, xvie siècle.

834 *bis*. – Dammarie-les-Lys, arch. dép. de Seine-et-Marne, 369 H 5.

xvie siècle, papier.

Obituaire, 1552-1791.

FÉRICY. — Église paroissiale [dépendant de l'abbaye de Saint-Denis].

(Seine-et Marne, con du Châtelet).

883 *bis*. – Dammarie-les-Lys, arch. dép. de Seine-et Marne, 236 G 3.

Obituaire, xvie siècle.

xvie siècle, parchemin, 260 × 355 mm (justif. 175 × 250 mm), 48 fol., foliotés en haut à droite en chiffres romains, I-XLVIII. KL rouges et bleues sur fond doré champi, rubriques, lettres dominicales et quantièmes (en chiffres romains). Reliure contemporaine, sur ais de bois, sans couvrure, 6 doubles nerfs.

Marques de provenance : étiquette, « Musées impériaux, <N couronné>, 234. » Cachet : « Bibliothèque. Musées impériaux, 3613. Dons et acquisitions. »

Obituaire dressé sur un calendrier préétabli (4 jours par page) à la fin du xve ou au début du xvie siècle, notices détaillées, donnant les fondations, assez stéréotypées pour celles de première main :

[1 janv.] Ce jour d'hui doit estre celebree une messe d'obit pour le remede de l'ame de feu Philipot le Bossu de Moret, lequel a donné, etc.

L'obituaire a été utilisé jusqu'au tout début du XVIIIe siècle (19 février 1701).

FAC-SIMILÉ : ms. en ligne sur le site Medium de l'IRHT.

DIOCÈSE DE PARIS

PARIS. — Cathédrale Notre-Dame.

Un recueil factice, relié en parchemin vert, renfermait trois obituaires, dont deux sont conservés. Le troisième, de format 165 × 230 mm, n'a laissé que des traces. L'ensemble est mentionné dans le catalogue rédigé dans les années 1733-1734 par le chanoine Guichon, sous la cote J 25. Le volume a été retrouvé en 2010 dans une armoire du trésor de Notre-Dame. Après le ms. disparu suivait le tome 2, puis le tome 1, les manuscrits ayant été manifestement reliés en fonction de leur taille.

1198 a. – Paris, Trésor du chapitre de la cathédrale Notre-Dame, ms. 1 (2). – **Pl. 4-5**.

XIVe siècle (après 1325), parchemin, 320 × 349 mm (justif. 255 × 216 mm), 34 fol., avec deux lacunes, env. 8 ff. entre les ff. 2 et 3 (17 janvier au 26 mars), et 6 ff entre les ff. 7-8 (du 25 avril au 8 juin). Foliotation moderne. Réglure à l'encre brune, 40 lignes par pages, avec une dizaine de lignes en moyenne pour chaque jour. Mois et fêtes majeures rubriqués.

Le premier obituaire a été rédigé après 1325, sur un ms. préparé, à raison de quatre jours par page et dix lignes en moyenne pour chaque jour. Les notices sont pour la plupart réduites au nom et à la qualité éventuelle du défunt et à la distribution.

[5 janv.] C. Nonas. Robertus de Bercencuria super XXVIII arpentis apud Civillia(cum). Mutabiliter XII lb. XVIII s. pro censu [XXX s. IX d.] d. b. IIII df. Matriculariis laycis XII d.

Voir l'obituaire du XIIIe siècle (BnF, lat. 5185 CC, f. 141, éd. MOLINIER, *Obituaires de Sens*, t. I, p. 94), où il est inscrit en addition : *De domo Sancte Marie, obiit magister Robertus de Bercencuria, quondam decanus Baiocensis* [1288] *qui, ob remedium anime sue, dedit ecclesie Parisiensi viginti et septem cum dimidio arpenta terre arabilis, sita in diversis peciis apud Civiliacum, in censiva capituli Parisiensis, ad censum qui dicitur census quartarum, et voluit quod anniversarium fieret pro anima sua, singulis annis, in ecclesia Parisiensi.*

Ou le 15 juin : C. XVII kal. Milonis de Corbolio, immutabiliter XIII lb. \pro censu XVI d./. Communitati VIII d. Organistis XX s. Matriculariis laycis XII d. Processioni et compoto LXVI s.

Voir l'obituaire du XIIIe siècle (BnF, lat. 5185 CC, f. 216[v]-217[v], en addition, éd. MOLINIER, *Obituaires de Sens*, t. I, p. 139-141)… Milon de Corbeil est mort en 1271 : les six colonnes de l'anniversaire dans l'obituaire du XIIIe siècle sont ici réduites à une ligne et demie.

De nombreuses notices ont fait l'objet d'une mise à jour.

1207 a. – Paris, Trésor du chapitre de la cathédrale Notre-Dame, ms. 1 (1). – **Pl. 6**.

XVe siècle (entre 1494 et 1503), papier, 205 × 285 mm (justif. 140 × 210 mm), 43 + II fol., foliotation moderne, chaque page étant divisée en quatre jours. Kalendes rouges et bleues, rubriques pour les fêtes majeures, traces d'une ancienne couverture en parchemin souple. Quantièmes et lettres dominicales seules, sauf le 1er janvier (KL.).

L'obituaire a été rédigé après 1494, date de la mort de Gérard Gobaille, inscrit de première main, f. XXIV, et antérieur à 1503, addition de l'obit de Jean Milet, évêque de Soissons. Très Nombreux jours vacants. Ainsi les deux notices données en exemple dans le ms. précédent en sont absentes.

«À la différence de l'obituaire du XIIIe siècle, où est souvent reproduite la description détaillée des biens légués, les notices de deux obituaires retrouvés dans le Trésor sont très peu développées, surtout dans le tome 2, le plus récent. Il arrive aussi que l'assiette manque dans le tome 1. Du XIVe siècle au XVIe, d'autres livres complémentaires permettaient donc au trésorier ou au chantre la bonne gestion des fondations. C'est ce qu'on déduit d'une mention à la fin de l'article du 3 avril, dans le tome 2 (f. XIII) : l'obit de Jean Millet, évêque de Soissons mort en avril 1503 et oncle de l'évêque de Paris Jean Simon, décédé quatre mois plus tôt, se conclut par la formule, *ut in martyrologio [...] continetur* (ainsi qu'il est indiqué dans le martyrologe). Ce renvoi commode à un autre livre (un martyrologe-obituaire plus complet) a permis au scribe de n'apporter que les précisions indispensables à la rétribution des participants et omettre toutes les autres. D'où la nécessité de tenir scrupuleusement à jour les divers registres relatifs à la liturgie des défunts, ce qui n'a manifestement pas toujours été le cas... » (« Les livres de Notre-Dame », p. 562).

INDIQUÉ : Jean-Vincent JOURD'HEUIL, Véronique JULEROT, Jean-Baptiste LEBIGUE, « Les livres de Notre-Dame. Catalogue de l'exposition organisée par la bibliothèque Mazarine à l'occasion des 850 ans de la cathédrale Notre-Dame de Paris... », dans *Notre-Dame de Paris, 1163-2013. Actes du colloque scientifique tenu au collège des Bernardins du 12 au 15 décembre 2012*, réunis par Cédric GIRAUD, Turnhout, 2013, n° 3, p. 559-563, et fig. 3. [*préédition, *Les livres de Notre-Dame (11e-18e siècles)*, Paris, 2012, n° 3, p. 9-14.

PARIS. — Célestins.

Livre du chapitre, 1488-1584. – **Pl. 7-8.**

1250 a. – Paris, bibl. de l'Arsenal, ms. 15 792 réserve.

XVe-XVIe siècles, papier et parchemin, composé de trois éléments différents, réunis au début du XVIIe siècle, 155 × 230 mm. [12]-[1]-[334] p. – 128 f., foliotés 1-127, f. 23 répété.

Reliure en veau bun sur ais de bois, dos à 5 nerfs, avec bouillons et fermoir en laiton et armes des Célestins en laiton au centre des plats, XVIIe siècle. Les doxologies pour la lecture du martyrologe et du nécrologe ont été copiées au XVIIe siècle sur des cartons, fixées l'un et l'autre avec une lanière de parchemin. Une troisième lanière est présente, mais le carton est perdu.

Acquis en 2014 par la bibl. de l'Arsenal auprès de la galerie « Les Enluminures ». Acqu. 2014-1433.

Le martyrologe imprimé a été rogné pour être mis au format du nécrologe.

I. *Martyrologium Romanum, ad novam kalendarii rationem et ecclesiasticae historiae veritatem restitutum, Gregorii XIII Pont. Max. jussu editum*, Paris, Jacques Kerver, 1584.

Un exemplaire de cette édition est conservé à la bibliothèque de l'Arsenal (4-H-6408), un autre entre dans la composition du Livre du chapitre des célestins de Rouen, également formé d'éléments manuscrits et imprimés comme celui-ci [Rouen, bibl. mun., ms. Mm 255, /suppl. 1305 = *Répertoire*, n° 377].

II. f. 1-49v. Obituaire des célestins de Paris, daté de 1488, avec des add. du XVIe au XVIIIe siècle.

L'obituaire est précédé d'un prologue : *Versibus his disces : apicis retinens numerales. Ista sequens carta quando peracta fuit. 1488. Ut ait Bernardus : Nil tam fixum animo quod neglectu et tempori non obolescat. Igitur brevi sub epylogio hoc opus excerptum de mortuologio nostro maiore ea qua hactenus ...*

Le martyrologe est construit sur le calendrier liturgique, avec la translation de saint Pierre Célestin, (f. 8v) et son octave (f. 22). La dernière addition est de 1714 (f. 9v). On le rapprochera de l'obituaire conservé à la bibliothèque de l'Arsenal, également daté de 1488 (ms. 1148, *Répertoire*, nº 1258).

III. f. 50-119v. Règle de saint Benoît, copie datée de 1472.

IV. f. 120-127. Textes additionnels.

f. 120-121. Hymne notée pour la vigile de la Nativité, fin XVIe siècle.

f. 121v. Colophon : *Author qui scripsit cum Christo vivere possit. Iste liber est de conventu fratrum celestinorum beate Marie de Parisius.*

f. 122-125 : Règle de saint Benoît versifiée, datée de 1471. (...) *Sequitur prologus in regula beati Benedicti metrificata fuit anno 1471...*

f. 126 : *Elegica deploratio sacre religionis que tota fere corruit propter divitiarum anima habundantiam...* Inc. : *Relligio peperit vasti per climata mundi...*

f. 126-127 blancs.

PARIS. — Couvent des Frères prêcheurs de la rue Saint-Jacques.

« Nécrologe », 1735.

1274*bis*. – Rome, couvent de Sainte-Sabine, archives générales de l'ordre des Prêcheurs, (AGOP) XI.11.000 [Cote ancienne XI 33 A].

1735-1739 et add. jusqu'à la fin du XVIIIe siècle, papier, cahiers de format multiple (max. 340 × 225 mm), 422 p., + un plan sur parchemin, p. 424-426 (h. 265 × 400 mm, plié), dessins entoilés et repliés p. 428. Reliure XVIIIe siècle, veau brun épidermé, dos à 6 nerfs avec titre : REGALE | NECROLOG. Titre fait à partir du frontispice d'un livre imprimé en partie découpé : *RECUEIL | de pièces pour | servir à l'histoire | nécrologique des trois | maisons de l'ordre des | FF prêcheurs à Paris | réunies en une seule en | 1790, les 1er 7bre et ...*

p. 1-2 : *Memento mori*, gravure (tête de mort surmontant des tibias entrecroisés avec ce distique : « Il faut mourir, c'est un arrêt | Un chacun doit s'y tenir prest.| Pensez y bien. À Paris, chez Chereau le jeune, rue St Jacques, au Grand St Rémy. »

p. 3. Gravure, figurant un tombeau, signée : G. de Larmessin.

p. 7-58 : « Table des nécrologes de l'église des ff. Prêcheurs de la rue St Jacque à Paris, où sont... » Texte sur 3 col. : 1) Numéro d'ordre avec mention du contenu du tombeau (le corps, le cœur, les entrailles). – 2) Nom du défunt, date du décès... – 3) Qualité du défunt (roi, prince, prieur...), notices numérotées de 1 à 301 (la numérotation n'étant pas continue), avec mention des épitaphes, de 1 à 290, par ex. :

1. Le cœur | de Philippe III élu du nom, dit le Hardy, fils de St Louis, décédé à Perpignan le 6 octobre 1283 âgé de 40 ans.

... 246. Le corps | d'Eustache Liviers de Liske, décédé l'an 1304, son épitaphe est sur sa tombe avec ses armes à 3 sangliers, au fond de l'église, entre la porte de la cour et les orgues. Elle est à la Bibliothèque du roy | Écuyer du roy de France Philippe IV le Bel.

p. 59-62 : Table des fondations faites dans l'église des frères prêcheurs de la rue St-Jacques, à Paris, exposée au public. Nos 1-290 (pas de nos 291-294), 295-301, mais sans ordre apparent.

p. 64-64 *arrachées.*

p. 65 : Épitaphe de Robert, roi de France, comte de Clermont (1317) et de ses fils Louis et Pierre.

p. 67-70 : « Table abrégée du nécrologe de l'église des dominicains de Paris. »

p. 71-73 : « Table particulière par lettre alphabétique de tous les deffunts dont il est fait mention dans ce nécrologe », sur 2 col.

p. 74 *blanche.*

p. 75 : Table des défunts, sur 2 col.

p. 76-78 *blanches.*

Entre les p. 78 et 1, gravure insérée : « Saint Jacques le Majeur », E. Brian sculp., 1726, avec cette légende : S. IACQUES Le Majeur. | Vous boirez le calice que je boirez, et vous serez baptisé | du baptême dont je seray baptisé. S. Matth., chap. 20, v. 23. »

2e pagination.

p. 1-305 : « Nécrologe de l'église des FF. P. de la rüe S. Jacques | à Pais | où reposent les corps, les cœurs, les entrailles de plusieurs rois, reines princes, princesses et aultres personnes de distinction dont les noms sont icy marqués selon le rang de leur naissance et dignité | avec leurs épitaphes copiées sur le lieu, telles qu'on peut les lire cette présente année 1735, ou recueillies de divers auteurs. » Copies faites de plusieurs mains des épitaphes conservées dans l'église, accompagnées pour certaine de commentaires historiques, dessins de tombes (pages blanches, paginées).

p. 9-23 : « Remarques sur le jour de la mort du roy de France Philippe VI dit de Valois. »

p. 25 : Reprise de l'épitaphier.

p. 37 : Gravure insérée en bandeau (découpée).

p. 41-42, 47-48, 181-182, 364-365, 392-419 *blanches.*

p. 77 : Gravure insérée à pleine page (devises), « I. Berain inv., 61 B. Scotis l'aîné sculp. »

p. 114 (1/2 p. infre), gravure découpée, *Ant. Sallarts inventor.* [graveur flamand, 1576-†1648] <diverses personnes, dont des clercs, devant un tombeau>.

p. 135 : Gravure de la plate-tombe d'Humbert Dauphin de Viennois, puis dominicain. Gravée par Berey le fils, rue St Jacques, 1710 [mention en haut à dr : p. 675].

p. 180 : Bandeau fait à partir d'une gravure découpée, à propos de la tombe d'un évêque, dont l'épitaphe est illisible.

p. 193 : Dessin à la plume de la tombe de l'abbé Mathieu, de l'ordre des prêcheurs (seul religieux à avoir porté le titre d'abbé). Cf. f. 183-193, no XLVIII, tombe retrouvée en deux morceaux en 1726.

p. 193 *blanche.*

p. 194 : Gravure (Élisabeth de Bavière). « Ex chronicis fratrum minorum (pars Iob. 7 c. 16) Fr. Remigius de Bozulo, cappucinus, inventor. P. Candidus figuravit, 1615. Raphael Sadeler junior chalcographus DD. »

p. 195 : Gravure rehaussée de couleurs figurant un dominicain, avec une note sur l'habit des dominicains.

p. 232 : Gravure imprimée, avec l'épitaphe de F. Gabriel Deslandes, dominicain, docteur de Paris, né à Lysieux le 25 octobre 1654. [† 14 janvier 1733 au couvent de Saint-Jacques].

p. 233 *blanche*.

p. 235 *sq*. : « Les religieux qui suivent n'étant pas distingués par quelque charge, nous allons les placer selon leur siècle afin d'en conserver la mémoire » (n°s LXX *sqq*.).

p. 250 : Dessin à la plume de la tombe de « Nicole, femme de Alain de Villepierre, 1455, le vendredi après la mi-aoust ».

p. 269 : Dessin d'épitaphe, avec inscription en grec.

p. 284 : Dessin à la plume de *Domisella Agnes de Orchies, magister*, au béguinage de Paris, collé sur parchemin.

p. 304 : Gravure collée [Page de titre d'un imprimé dont le titre a été découpé pour faire place au titre qui suit] : « Suite aux mémoires nécrologiques et critiques recueillis pour servir à l'histoire du collège général des dominicains en l'université de Paris, fondée en 1218, détruit en 1790. »

p. 306 : [Gravure utilisée en bandeau]. Nécrologe, « copié de mot à mot d'après des feuilles, des vieux cahiers et les registres mortuaires, plus exacts, dressés en exécution de la déclaration du roi du 9 avril 1726 ». Notices de 1669 à 1788.

p. 341-343 *blanches*.

p. 344 : Page de titre découpée, avec le portrait du P. [Jacques] Barrelier (1606-1673).

p. 346 : « Description de la maison du noviciat général des FF. prêcheurs du faubourg Saint-Germain de Paris », avec les épitaphes.

p. 372 : « Extraits du livre mortuaire de l'église du noviciat des FF prêcheurs de Paris du faubourg Saint-Germain rue Saint-Dominique, tiré ce 21 mai 1739 pour la commodité de ceux qui ne voudraient pas recourir à l'original. »

p. 384-390 : Obituaire, 1749-1792.

p. 420-422 : « Rétractation de M. l'abbé des Fontaines autour du journal intitulé "Jugemens sur quelques ouvrages nouveaux" (1745). »

p. 424-426 : <Plan sur parchemin, colorié> « Plan de l'église des FF. prêcheurs de Paris en cette année 1738, avec les chapelles et l'emplacement de douze tombeaux. »

p. 428 : Copie grandeur nature de l'épitaphe de Humbert Ier dauphin, 1355, 12 mai, collée sur toile.

*Il s'agit en fait d'un épitaphier et non d'un nécrologe ou d'un obituaire et les quelques pages qualifiées de « nécrologe »ou « obituaire » sont en fait des extraits de registres mortuaires.

Mathieu Texlé O.P. est l'auteur de ce nécrologe. (cf. p. 421 : *Regale necrologium ecclesiae Sanjacobee Parisiensis ordinis Praedicatorum* », titre que l'on retrouve au dos du ms.).

INDIQUÉ : Costantino G. GILARDI O.P., « Ecclesia laicorum e ecclesia fratrum. Luohgi o oggetti per il culto e la predicazione secundo l'*Ecclesiasticorum officium* dei fratri predicatori », dans L. E. BOYLE (†) et

P.-M. Gy, *Aux origines de la liturgie dominicaine. Le manuscrit Santa Sabina XIV L 1*, Paris-Rome, 2005 (Coll. de l'École française de Rome, 327 / Documents, études et répertoires de l'IRHT, 67), p. 400, n. 75.

PARIS. — Abbaye Saint-Victor, chanoines réguliers.

Obituaires, XVe-XVIe siècles.

1316. – Paris, BnF, lat. 14 673.

1317. – Paris, BnF, lat. 14 674.

Édité : *Necrologium abbatiae Sancti Victoris Parisiensis*, ediderunt Ursula Vones-Liebenstein et Monika Seifert, cura et studio Rainer Berndt S.J., Münster, 2012 (*Corpus Victorinum, Opera ad fidem codicum recollecta*, vol. I).

Indiqué : Jean-Loup Lemaitre, « De Molinier au *Necrologium abbatiae Sancti Victoris Parisiensis* : Des *excerpta* à l'édition : l'évolution d'une méthode éditoriale », dans Anette Löffler et Bjorn Gebet, Legitur in necrologio victorino. *Studien zum Nekrolog von Sankt Viktor*, Münster, 2015 (*Corpus Victorinum, Instrumenta*, 7), p. 17-35.

PARIS. — Hôpital des Quinze-Vingts.

Obituaire, XVe siècle. – **Pl. 9**.

1322 *bis*. – Pierrefitte-sur-Seine, Arch. nat., AB XIX 5 354.

Édité : Jean-Loup Lemaitre, *L'obituaire de l'hôpital des Quinze-Vingts de Paris*, publ. sous la dir. de Jean Favier, Paris, 2011 (Recueil des Historiens de la France. Obituaires, sér. in-8°, vol. X).

SAINT-DENIS-EN-FRANCE. — Abbaye Saint-Denis, moines noirs.

(Seine-Saint-Denis, ch.-l. d'arr.).

Fragment de nécrologe, XIIe siècle.

1331. Paris, BnF, lat. 17 177, f. 70.

Édité : Jean-Loup Lemaitre, « Les nécrologes de Saint-Denis », dans *Bibliothèque de l'École des chartes*, t. 172 (2014) [paru 2018], p. 261-276, ill.

PARIS. — Église Sainte-Madeleine de la Cité.

« Martyrologe » imprimé, 1717.

1432 a. – Paris, BnF, Impr. 4 LK[7] 6915.

Martyrologe contenant les fondations et l'ordre de l'office divin qui se doit faire dans l'église paroissiale et archipresbytérale de Ste-Marie-Madeleine en la Cité, à laquelle l'église paroissiale de Saint-Symphorien a été unie par décret de S. E. Monseigneur le cardinal de Noailles, archevêque de Paris, du 30 décembre 1698 : lesquelles ont été réformées par son ordonnance du 27 juin 1717. Paris, Impr. C. Huguier, 1717, In-4°, 46 p.

PONTAUT. — Église paroissiale Saint-Denis.

(Seine-et Marne, c^{on} et c^{ne} de Pontaut-Combault).

Obituaire, XIVe siècle.

1455 *bis*. – Dammarie-les-Lys, arch. dép. de la Seine-et-Marne, 25 EDT, 1.

XIVe siècle, parchemin, 160 × 222 mm (justif. ± 140 × 175 mm), 38 feuillets (garde + ff. I-37). Grandes initiales rouges et bleues, rubriques. Reliure XIVe siècle, parchemin sur ais de bois, à 3 doubles nerfs. Sur le plat sup^{r} : « 1er martyrologe du 14e siècle. P. 8. GG 21 » (XIXe/XXe s.).

f. A : Note XVIIIe s. « Ouvrage rare et curieux remontant à l'invention de l'imprimerie et dont les caractères gothiques sont ornés d'initiales à la main peintes alternativement en rouge et bleu. » — [2e main, XIXe siècle] : « Erreur complète. Les caractères ont été tracés à la main avant l'imprimerie, sans doute par des religieux dont on trouve les volumes si précieux écrits à la main sur velin dans la Bibliothèque Sainte-Geneviève à Paris. »

f. I. Deux notices concernant les marguilliers de Saint-Denis de Pontaut, XVe siècle-1513/1515.

f. 1-31^{v}. Obituaire construit sur un calendrier liturgique romain, avec le degré de solennité des offices, KL rouges et bleues alternées, fêtes majeures (doubles) rubriquées. La première notice est explicite :

[1 JANV.] KAL. JAN. Ibi tenentur matricularii parrochialis ecclesie de Pratellis predicti facere duas missas pro deffunctis in dicta ecclesia per curatum etc. pro defuncta Emariona la Marcelline, que legavit [[eis]] facere predicte ecclesie unum arpentum terre cum dimidio.

Nombreuses notices additionnelles, jusqu'au XVIe siècle, donnant le détail et l'assiette des fondations.

f. 32-33^{r} blancs.

f. 33-37 : Addition d'actes de fondation, XVIe siècle, 1504-1534.

f. 37^{v} blanc.

FAC-SIMILÉ : ms. en ligne sur le site Medium de l'IRHT.

DIOCÈSE DE MEAUX

MEAUX. – Hôpital Jean Rose.

(Seine-et-Marne, ch.-l. d'arr.).

« Nécrologe », XVIIIe siècle.

1483 a. – Dammarie-les-Lys, arch. dép. de Seine-et-Marne, 703 H 2.

XVIIIe siècle, papier.

Nécrologe et état des fondations utilisés de 1700 à 1799.

MEAUX. — Grand hôtel-Dieu.

(Seine-et-Marne, ch.-l. d'arr.).

Obituaire, XIVe siècle. – **Pl. 10-11.**

1484. – Pierrefitte-sur-Seine, Arch. nat., 210 AS, n. c.

<anc. : arch. de l'Oratoire, arch. du collège de Juilly, A 4.>

Obituaire, xive siècle (incomplet). Dom T. Duplessis le datait de la fin du xve siècle : « Ce nécrologe paraît n'avoir été écrit que vers la fin du xve siècle. Mais c'est apparemment une copie d'un autre plus ancien. »

xive siècle, parchemin, de qualité moyenne, 29 feuillets conservés, 260 × 180 mm.

Mise en page : dimensions 180 × 260 mm, justification 150 × 240 mm, linéature tracée à la pointe sèche. La page est divisée en 5 colonnes de ± | 12 | 8 | 8 | 8 | 114 mm, renfermant successivement : le nombre d'or | la lettre dominicale | le jour (chiffre) | la partie du mois (Nones, ides et kalendes) | le sanctoral et/ou les obits. KL vermillon et azur, à décor d'antennes et de filigranes.

Chaque page est divisée en trois compartiments de 7 lignes, la première portant le calendrier et le sanctoral éventuel : trois jours par page en moyenne (deux dans quelques cas, comme en mars). Le texte est donné en continu, un nouveau mois ne commençant pas toujours en tête de page (paire ou impaire).

Le ms. compte actuellement 29 feuillets sur 32 pour la partie conservée, répartis en quatre quaternions, le 2e et le 3e étant mutilés. L'ensemble devait être composé de 8 quaternions, soit 64 feuillets. Il n'en reste donc que moins de la moitié, puisque trois feuillets ont par ailleurs été coupés. *Nous conservons une foliotation prenant en compte les f. coupés, dont il reste le talon pour le f. 15.

Reliure xive-xve siècle, plats en bois recouverts de peau (déchirure sur le plat supérieur). Cahiers cousus sur quatre nerfs. Pas de feuilles de garde. Traces de fermoir à deux lanières de cuir, partant du plat supérieur, restes d'agrafe sur le plat inférieur.

La partie conservée couvre les 16 février-21 août.

< Cahier 1 : 1er janvier-15 février. > Perdu.

Cahier 2 : XIIII kal. mart. - II kal. apr. = 16 février-31 mars.

Cahier 3 : Kal. apr. - XV kal. junii = 1er avril-18 mai.

*manque le f. 15 : non. - III id. mai = 7-13 mai.

Cahier 4 : *manquent les f. 17-18 : XIIII-IIII kal. jun. = 19-30 mai.

f. 3-8. II kal. junii - IV non. jul. = 31 mai-4 juillet.

Cahier 5 : III non. jul. - XII kal. sept. = 5 juillet-21 août.

< Cahiers 6-8 = 22 août-31 décembre. > Perdus.

Manuscrit provenant du Grand hôtel-Dieu de Meaux, où il était conservé au moins jusqu'en 1731, des extraits en étant publiés dans dom Toussaint Duplessis, *Histoire de l'Église de Meaux*, t. II, Paris, 1731, p. 473-474 (reproduits dans *Obituaires*, t. IV, p. 212-213). Le ms. est sans doute alors complet, dom Duplessis donnant des extraits du 25 mai [f. 15 manquant] et des 8 et 11 novembre. Le ms. passe à une date indéterminée, après 1731 et sans doute plutôt après la Révolution, au collège des Oratoriens de Juilly (don ou acquisition ?), où il est intégré dans les archives. Sur les f. 1 et 32, cachet rectangulaire à l'encre violette : « Collège | de Juilly | Archives », avec cote « A4 ».

Déposé aux Arch. nat. en 2014 avec le fonds du collège de Juilly, 210 AS, n. c.

L'obituaire est construit sur un calendrier romain, donnant les grandes fêtes du sanctoral mais dépourvu d'indications liturgiques [1]. Six à sept lignes en moyenne sont réservées pour l'inscription d'obits et d'anniversaires. Le texte, qui ne comporte que très peu d'additions (5) et est écrit en minuscule gothique livresque (*textualis*), reprend effectivement celui d'un obituaire précédent (mise au net ou nouvelle rédaction). Voir par ex. le 24 juin (VIII kal. jul.) où l'obit assez développé (8 lignes) est suivi de 6 lignes blanches. Les obits (39 notices) sont introduits pour la plupart par un Ø parfois rehaussé d'un trait de vermillon, et donnent assez souvent le détail des distributions à faire pour les anniversaires concernés avec, dans quelques cas, l'assiette des revenus les assurant.

ÉDITÉ : Jean-Loup LEMAITRE, « L'obituaire du grand hôtel-Dieu de Meaux », dans *Journal des Savants*, 2015, p. 241-272.

BARBEY. — Église paroissiale.

(Seine-et-Marne, c^on de Montereau-Faut-Yonne).

Obituaires, XVIe-XVIIIe siècle.

1488 *bis*. – Dammarie-les-Lys, arch. dép. de Seine-et-Marne, 62 E DT2.

XVIe siècle, papier.

Obituaire, 1578-1748.

1488 *bis* a. – Dammarie-les-Lys, arch. dép. de Seine-et-Marne, 62 E DT1.

XVIIe siècle, papier.

Obituaire, XVIIe, continué au XVIIIe siècle.

CHALAUTRE-LA-GRANDE. — Église paroissiale.

(Seine-et-Marne, c^on de Villers-Saint-Georges).

Obituaire, XVIe siècle.

1488 *ter*. – Dammarie-les-Lys, arch. dép. de Seine-et-Marne, 59 J 1.

XVIe siècle (fin), parchemin, 34 f., paginés 9 à 56, les f. 1-8 manquant, le f. 48 étant en partie déchiré. Reliure ancienne en mauvais état. Reliure ancienne en mauvais état.

Obituaire de la paroisse de Chalautre-la-Grande, contenant les legs et fondations faits aux XVIe-XVIIe siècles.

1. Les principales fêtes parisiennes relevées par Leroquais sont absentes, mais correspondent souvent à des parties perdues du calendrier. Cf. V. LEROQUAIS, *Les bréviaires manuscrits des bibliothèques publiques de France*, t. I, Paris, 1924, p. CXII-CXIII.

CHAMIGNY. — Église paroissiale.

(Seine-et Marne, c^on^ de la Ferté-sous-Jouarre).

Obituaire, fin XVe siècle.

1488 *quater*. – Dammarie-les-Lys, arch. dép. de Seine-et-Marne, G 446.

XVe siècle, milieu, parchemin, 180 × 235/250 mm (justif., 150 × 190 mm), cahiers cousus sur 4 nerfs, ms. dérelié et dépourvu de couverture. 36 fol. originels, foliotés 1-35 au XIXe siècle, le fol. [18] ayant été arraché et non compté dans la foliotation [= mq. un fol. entre f. 17-18 actuels]. ff. 32-33 blancs. Rubriques.

Au f. 31^r^, en lettres alternées rouges et noires : « Ce present livre pour l'eglise de Chamigni. » Calendrier par quantièmes et lettres dominicales avec une lacune entre les ff. 17-18, les 17-28 juillet. manquant

Notices détaillées, avec de nombreuses additions, donnant de manière précise les fondations, de la fin du XVe (1460) au début du XVIIIe siècle (1460-1707).

FAC-SIMILÉ : ms. en ligne sur le site Medium de l'IRHT.

VILLENEUVE-LE-COMTE. – Église paroissiale Notre-Dame.

(Seine-et-Marne, c^on^ de Rozay-en-Brie).

Fragment d'obituaire, 1510.

1491 *bis*. – Dépôt actuel inconnu.

XVIe siècle, [parchemin].

Fragment d'obituaire, rédigé en 1510, retrouvé dans le presbytère, avec d'autres épaves (vidimus de la charte de fondation de Villeneuve) par l'abbé Jean-Éloi Leriche peu avant 1845, remis plus tard à Louis-Achille Viré et Anatole Dauvergne (président pour la section de Coulommiers de la Société archéologique de Seine-et-Marne), ce dernier présentant ces documents au Comité impérial des travaux historiques dans sa séance du 15 juillet 1867 :

« M. Anatole Dauvergne [...] adresse, pour faire suite à sa note sur des épitaphes conservées dans l'église de Villeneuve-le-Comte... plusieurs extraits d'un obituaire daté de 1510, qui complètent cette communication » (*Rev. soc. sav.*, 4e sér. t. VII, p. 229).

Rapport de F. de Guilhermy, en 1868 : « Nous avons et déjà l'occasion de citer l'obituaire commencé en 1510, que notre collègue, M. Dauvergne, a retrouvé au presbytère de Villeneuve-le-Comte. M. Dauvergne vient de nous en communiquer un extrait. On y voit en première ligne l'obit du marguillier Pierre Anoyaulx, marchand laboureur, qui fit abattre et refaire de neuf le vieil clocher... » (*Rev. soc. sav.*, 4e sér., t. VIII, p. 72).

Les documents retrouvés au presbytère de Villeneuve-le-Comte ont été acquis par Alexandre Le Blondel, imprimeur à Meaux et fondateur de la Société d'archéologie, sciences, lettres et arts de Seine-et-Marne en 1864, dont la collection a été achetée à la librairie Charavay par les archives départementales de Seine-et-Marne en 1921 (152 J 1-32), mais le fragment d'obituaire en question n'apparaît pas dans l'inventaire de ce fonds.

INDIQUÉ : *Revue des sociétés savantes des départements*, 4e série, t. VI, 1867 (2e semestre), p. 229 ; — ID., 4e série, t. VII, 1868 (1er semestre), p. 72. — Alain PELGAS (éd.), *Villeneuve-le-Comte, une paroisse de Brie au XVIIIe siècle*, par Benis BOUTINOT, Montceaux-lès-Meaux, 2011, p. 15-16.

DIOCÈSE DE SOISSONS

SOISSONS. — Cathédrale Notre-Dame.

(Aisne, ch.-l. d'arr.).

Obituaire du XIIIe siècle.

1713 a. – Bruges, Rijksarchiv, *Cumulus ecclesiasticus*, 1191.

XIIIe siècle, parchemin, 2 feuillets, correspondant aux 22-23 avril et 1er mai, avec des additions (18 obits).

L'auteur de l'inventaire des archives du chapitre, commencé en 1782 (*Sommier*, arch. dép. de l'Aisne, G 254-256) décrit le ms. ainsi :

« Un volume contenant, suivant les chiffres, 304 feuillets écrits sur parchemin ou sur vélin, non compris 9 feuillets chiffrés, qui contiennent toutes les donations faites par Mr Millet, évêque de Soissons, à son église. (...). Il est écrit en temps divers et de mains différentes, à mesure qu'il mourait quelque membre remarquable ou quelque bienfaiteur de cette église. Il commence par un calendrier très ancien. (...). Ensuite du calendrier commence l'obituaire de manière que les bienfaiteurs de l'église ne sont inscrits suivant la date ou époque de leur mort, mais suivant le jour du mois auquel ils sont trépassés : l'année même de leur mort n'est marquée que pour ceux qui ont été insérés postérieurement. De sorte qu'avant le 14e siècle, il serait très difficile d'après cet ouvrage de déterminer les temps précis où vivaient les bienfaiteurs du chapitre. Ce livre a peu de lacunes, nous en avons néanmoins observées. Il a été fini, clos et arrêté en 1531 par Mrs Oblet et Lespaulart, chanoines et archivistes de ce temps. »

*Communication de M. Hugues LÉPOLARD.

DIOCÈSE D'ARRAS

DOUAI. — Abbaye Notre-Dame-des-Prés, moniales cisterciennes.

(Nord, ch.-l. d'arr.).

Nécrologe, fin XIIIe siècle.

1807. – Valenciennes, bibl. mun., ms. 838.

INDIQUÉ : Jean-Louis GERZAGUET, « Le nécrologe de l'abbaye de moniales cisterciennes de Notre-Dame-des-Prés à Douai (fin XIIIe-début XIVe siècle) ; présentation et commentaire », dans *Revue du Nord*, t. 93, n°s 391-392 (2011), p. 815-831.

DIOCÈSE DE CAMBRAI

VAUCELLES. — Abbaye Notre-Dame, cisterciens.

(Nord, c[on] de Marcoing, c[ne] de Crèvecœur).

Martyrologe-obituaire, XIIe siècle.

1868 a. — Londres, British Library, ms. Harley 2902.

XIIe siècle (avant 1152), parchemin, 345 × 230 mm. (justif. 250 × 140 mm), gardes + 205 fol. Rubriques, grande initiale (**A**[usculta], prologue de la règle de saint Benoît), KL initiales de chaque mois à décor de feuillages et zoomorphes, f. 3, 15[v], 25[v], 35, 46, 59, 71, 83, 96[v], 121[v]. Incomplet du commencement.

f. 1-133 : Martyrologe d'Usuard, commençant le 24 décembre. – f. 134 : Règle de saint Benoît. — Liste de fondateurs et de bienfaiteurs, litanies.

Livre du chapitre, source des extraits pris au XVIe siècle, ms. 847 de la bibl. mun. de Cambrai (*Répert.* 1868).

INDIQUÉ : FOULQUES DE CAMBRAI, *La fondation de l'abbaye de Vaucelles.* Texte latin édité, traduit et commenté par Benoît-Michel TOCK, Paris, 2016 (Les classiques de l'histoire au Moyen Âge, 56), p. XXIV.

DIOCÈSE DE TOURNAI

LILLE. — Hôpital Saint-Julien.

(Nord, ch.-l. de dép.).

Obituaire, XIVe siècle.

1890. – Lille, arch. hop., XVIII B 73 [déposé aux arch. dép. du Nord].

ÉDITÉ : Bernard DELMAIRE, « L'obituaire de l'hôpital Saint-Julien de Lille (1346-1347) », dans *Bulletin de la Commission historique du Nord*, t. 54 (2008-2009), p. 13-54.

DIOCÈSE D'AMIENS

SAINT-RIQUIER. — Abbaye, moines noirs (diocèse d'Amiens).

(Somme, c[on] d'Ailly-le-Haut-Clocher).

Livre du chapitre, XIVe siècle.

2028 a. – La Haye / Den Haag, Rijksmuseum Meermanno-Westreenianum, 10 D 29.

XIVe siècle (1re moitié), parchemin, 171 × 230 mm (justif. 123 × 181 mm), 24 lignes, 153 fol.

Inventaire de Gérard (1775) : « *Usuardus mss monasterii Sancti Richarii Centulensis, regula S. Benedicti, lectiones, capitula, obituarium ejusdem monasterii.* In-4°, vélin. »

Le manuscrit a été obtenu par le Bollandiste Rosweyde de Saint-Vaast d'Arras et a été mentionné par Du Sollier sous l'appellation de *Centulensis*, cf. DU SOLLIER, *Martyrologium Usuardi*..., Anvers, 1724, p. LVIII-LIX [= *Act. SS.*, *Iun.*, 6, p. LVIII]. Acquis en 1825 par Willem H. J. Westreenen van Tiellandt († 1848), de La Haye.

ff. 1-47 : Martyrologe d'Usuard [une copie du martyrologe est conservé dans le ms. Bruxelles, Bibl. royale, II, 760, t. 2, f. 42-104[v]].

ff. 47[v]-85[v], 107[v] : Règle de saint Benoît.

ff. 86[v]-107[r] : Lectionnaire.

ff. 108[v]-152[r] : Nécrologe.

ff. 152[v]-153[v] : Offices à célébrer.

INDIQUÉ : Bart OP DE BEECK, « La bibliothèque des Bollandistes à la fin de l'Ancien Régime », dans *De Rosweyde aux* Acta sanctorum. *La recherche hagiographique des Bollandistes à travers quatre siècles. Actes du colloque de Bruxelles (Bruxelles, 5 octobre 2007)*, Bruxelles, 2009 (Subsidia hagiographica), p. 149-284, cit. p. 224 [Annexe : Inventaire de Gérard, 1775, 355 [365] / S 49]).

— François Dolbeau, « Nouvelles recherches sur les manuscrits des anciens Bollandistes », dans *Analecta Bollandiana*, t. 129 (2011), p. 395-457, cit., p. 422. — Petrus Cornelis Boeren, *Catalogus van de handschriften van het Rijksmuseum Meermanno-Westreenianum*, s'Gravenhage, 1979, p. 118-119.

DIOCÈSE DE STRASBOURG[1]

STRASBOURG. — Chapitre cathédral (Œuvre).

(Bas-Rhin, ch.-l. de dép.).

Obituaire, xive siècle.

2126. – Strasbourg, arch. comm., « Arch. de l'Œuvre », ms. 1.

Indiqué : Charlotte A. Stanford, *Commemorating the Dead in Late Medieval Strasbourg. The Cathedral's Book of Donors and Its Use (1320-1521)*, Aldershot, 2011 (Church, Faith and Culture in the Medieval West). — *Voir la recension de Marie-José Nohlen, *Francia-Recension, Mittelalter-Moyen-Âge*, 2012/2 [en ligne].

Livre de distributions (xve siècle).

2128 b. – Strasbourg, arch. dép. du Bas-Rhin, H 1613.

xve siècle, papier. 268 × 195 mm, 70 fol.

fol. 1-2 : Recettes médicinales, en allemand. – fol. 3-64 : Calendrier des distributions. – fol. 65 : Liste des fêtes pour lesquelles on doit chanter nones. – fol. 65^v^ : Tables de comput. – fol. 66-67 : Fêtes mobiles. – fol. 68-69 : Prix de certaines mesures. – fol. 70 : Recettes médicinales, en allemand.

Indiqué : Charles Wittmer, « Liste des obituaires alsaciens », dans *Bulletin philologique et historique (jusqu'à 1715) des comités des travaux historiques et scientifiques*, 1953, p. 9, n° 73. — *Répertoire*, p. 918, n° 2147. Les deux notices ont attribué le manuscrit à la commanderie des Hospitaliers de Saint-Jean-de-Jérusalem « *Zum Grünen Wörth* » (Marais Vert) de Strasbourg. Le manuscrit se trouve en effet dans le fonds de la commanderie, mais les notices ne laissent pas de doute sur le fait que l'obituaire est celui du Grand-Chapitre de la cathédrale. — Nicolas Buchheit, *Horizon universel, horizon régional. Réseaux et territoires des commanderies hospitalières de Basse-Alsace au XIIIe et au XIVe siècle*, thèse de doctorat, université de Strasbourg, 2010. — Charlotte A. Stanford, *Commemorating the Dead in Late Medieval Strasbourg. The Cathedral's Book of Donors and Its Use (1320-1521)*, Aldershot, 2011, p. 195-205.

1. *Les additions propres aux diocèses de Strasbourg et de Spire nous ont été fournies par Mlle Anne Rauner, les obituaires de ces diocèses constituant la principale source de sa thèse de doctorat *Ce que les morts doivent à l'écrit. Documents nécrologiques et système documentaire de la* memoria *au bas Moyen Âge (diocèse de Strasbourg)*, soutenue devant l'université de Strasbourg le 3 février 2020. Voir également Ead., « Informer les vivants pour sauver les morts. Premières esquisses du système documentaire de la commémoration des défunts à la fin du Moyen Âge (diocèse de Strasbourg) », dans *Les actes du CRESAT*, n° 15 (2018), p. 139-152. – Ead. « Managing a living book. The planned and the used of the page surface in parish obituaries in late medieval diocese of Strasbourg », dans Vincent Debiais et Victoria Turner, *Words in the Middle Ages* (Utrecht Studies in Medieval Literacy), Turnhout, 2020. Cf. p. 2.

Fragment d'obituaire (XVe-XVIe siècle).

2128 c. Strasbourg, arch. dép. du Bas-Rhin, 136J 15.

XVe-XVIe siècle, parchemin, 313 × 118 mm, 2 fol.

Fragment d'obituaire, rédigé en latin.

MARMOUTIER. — Abbaye Saint-Pierre-et-Saint-Paul, moines noirs.

(Bas-Rhin, con de Saverne).

Obituaire (XVe s., vers 1406).

2135. – Strasbourg, arch. dép. du Bas-Rhin, H 552.

ÉDITÉ : Anne RAUNER, *L'obituaire de l'abbaye de Marmoutier, reflet du déclin d'une abbaye bénédictine*, mémoire de maîtrise, université de Strasbourg, 2001.

INDIQUÉ : Médard BARTH, « *Quellen und Untersuchungen zur Geschichte der Pfarreien des Bistums Strassburg im Mittelalter* », dans *Archives de l'Église d'Alsace*, t. 2 (1947-1948), p. 132-133. — Anne RAUNER, « L'obituaire de l'abbaye de Marmoutier, reflet du déclin d'une communauté bénédictine », dans *Chantiers historiques en Alsace*, 5 (2002), p. 9-18.

NIEDERMÜNSTER. — Abbaye Sainte-Marie, chanoinesses régulières de Saint-Augustin.

Fragment de nécrologe (fin XIIIe-début XIVe siècle).

(Bas-Rhin, con de Rosheim, cne de Saint-Nabor).

2138 *bis*. – Weimar, Herzogin-Anna-Amalia-Bibliothek, HAAB-Fol.74.

Fin XIIIe-début XIVe siècle, parchemin. 303 × 217 mm, 2 fol.

Fragment d'un obituaire rédigé en latin, utilisé pour la reliure de l'ouvrage cité.

INDIQUÉ : Betty C. BUSHEY, Hartmut BROSZINSKI, *Die lateinischen Handschriften bis 1600*, Wiesbaden, 2004 (Weimar. Bibliographien und Kataloge der Herzogin Anna Amalia Bibliothek, Bd 1, Fol max, Fol und Oct).

SÉLESTAT. — Commanderie des Hospitaliers de Saint-Jean-de-Jérusalem.

(Bas-Rhin, ch.-l. d'arr.).

Obituaire, 1486.

2143. – Colmar, bibl. mun., ms. 714 (Catal. 965).

Manuscrits disparus.

Le ms. Colmar, bibl. mun. 965 (anciennement 714) fait mention d'un obituaire plus ancien, « *antiquo libro* ». — Il fait également état au f. 52v en 1487 d'un « *liber anniversariorum novus de bappiro ligatus vulgariter selbúch* ». — L'inventaire des biens de la commanderie dressé en 1470, Strasbourg, arch. dép. du Bas-Rhin, H 1363, mentionne un « *liber anniversarium volgariter selbuch* ».

INDIQUÉ : Edmund UNGERER, *Elsässische Altertümer in Burg und Haus, in Kloster und Kirche. Inventare vom Ausgang des Mittelalters bis zum dreißigjährigen Kriege aus Stadt und Bistum Strassburg*, Strasbourg, 1913, p. 347.

Registre des anniversaires de la confrérie de la commanderie (1477).

2143 a. – Strasbourg, arch. dép. du Bas-Rhin, H 1612.

XVIIe siècle, papier, 290 × 206 mm, 98 fol.

STRASBOURG. — Béguinage *Gürtlers Gotzhus*.

(Bas-Rhin, ch.-l. de dép.).

Fragment du registre des anniversaires (1455).

2145 a. – Strasbourg, arch. de la ville et de l'Eurométropole, 3AST 25/6.

XVe siècle, parchemin. 356 × 173 mm, 2 fol. [Couverture du 2e registre].

Obituaire rédigé en allemand.

Registres des anniversaires (1523).

2145. – Strasbourg, arch. de la ville et de l'Eurométropole, 3AST 25/6.

I) XVIe siècle, parchemin, 218 × 132 mm, 11 fol.

II) XVIe siècle, parchemin. 285 x 193 mm. 9 fol.

INDIQUÉ : Charlotte A. STANFORD, *Commemorating the Dead in Late Medieval Strasbourg. The Cathedral's Book of Donors and Its Use (1320-1521)*, Aldershot, 2011, p. 195-205.

STRASBOURG. — Béguinage de Burga Metzer.

Liste d'anniversaires (XVe s.).

2145 *bis*. Strasbourg, arch. de la ville et de l'Eurométropole, 3AST 25/2d.

XVe siècle, parchemin. 700 × 263 mm, 1 fol.

Liste rédigée en allemand.

STRASBOURG. — Couvent des pénitentes de Sainte-Madeleine.

Obituaire, 1518.

2154. – Strasbourg, Grand Séminaire, ms. 35.

Le premier état de l'obituaire est attesté en 1504, comme « selbuch», Strasbourg, arch. de la ville et de l'Eurométropole, AH-C 289/4858.

ÉDITÉ : *L'obituaire des pénitentes de Sainte-Madeleine de Strasbourg*, publié sous la direction de Jacques VERGER, par Louis SCHLAEFLI, avec la collaboration de Jean-Loup LEMAITRE, Paris, 2020 (Recueil des Historiens de la France. Obituaires, sér. in-8°, vol. XXI).

STRASBOURG. — Oratoire de la Toussaint.

Obituaire (xve-xvie siècles).

2157 *bis*. – Strasbourg, bibliothèque du Grand Séminaire, ms. 132.

xviiie siècle, papier. 308 × 203 mm, 110 fol, paginés, p. 5-12 : manquantes.

Copie incomplète de l'ancien obituaire, xve-xvie siècle.

p. 13-176 : Obituaire. – p. 178-186 : Distributions aux fêtes mobiles. – p. 186-219 : Cartulaire relatif aux fondations (1417-1542).

STRASBOURG. — Église collégiale (abbaye) Saint-Étienne.

Rouleau des distributions pour anniversaire (1380).

2164 *bis*. – Strasbourg, arch. dép. du Bas-Rhin, H 2727/24.

xive siècle, parchemin, 2420 × 143 mm (rouleau).

Rédigé en allemand.

STRASBOURG. — Église collégiale Saint-Thomas.

Registre de fondations d'anniversaires (fin xive-début xve siècle).

2166 a. – Strasbourg, arch. de la ville et de l'Eurométropole, 2 AST 62/1.

xive-xve siècle, papier, 294 × 219 mm, 39 fol.

f. 1-25^r^ : Répertoire alphabétique des rentes anniversaires. – f. 25^v^-f. 26^v^ : Liste des distributions classées par lieux de distribution. – f. 27^r^-29^v^ : Liste alphabétique des fêtes liturgiques associées à des anniversaires. – f. 30^r^-39^v^ : Répertoire alphabétique des noms de défunts avec leur anniversaire.

Registre de fondations d'anniversaires (fin xive-début du xve siècle).

2166 b. – Strasbourg, arch. de la ville et de l'Eurométropole, 2AST 62/2.

xive-xve siècle, papier, 292 x 216 mm, 58 fol.

f. 1-9^v^ : Répertoire alphabétique des fêtes liturgiques associées à des anniversaires. – f. 10^r^-53^v^ : Répertoire alphabétique des noms de défunts et de leur anniversaire. – f. 54^r^-58^v^ : Liste des distributions classées par lieu de distribution.

Obituaire (s.d.).

2172 b. Strasbourg, arch. de la ville et de l'Eurométropole, 6AST 33/1 fol. 38-77.

s. d., papier, 287 × 212 mm, 40 fol.

Rédigé en latin.

INDIQUÉ : Anne RAUNER, « Informer les vivants pour sauver les morts. Premières esquisses du système documentaire de la commémoration des défunts à la fin du Moyen Âge (diocèse de Strasbourg) », dans *Les Actes du CRESAT*, 15 (2018), p. 139-152.

Paroisses du diocèse de Strasbourg[1]

BORNHEIM. — Église paroissiale Saint-Georges.

(Bas-Rhin, c^on de Sélestat) [ou Birnhheim, village disparu entre Artolsheim et Saasenheim].

Fragment d'un obituaire (XIVe-XVe siècle).

2173/2. – Karlsruhe, Generallandesarchiv Karlsruhe, GLA, Abt.64/71.

XIVe-XVe siècle, parchemin, 325 × 240 mm. 2 fol.

Obituaire rédigé en latin.

INDIQUÉ : Anne RAUNER, « Managing a living book» [*supra*].

BREUSCHWICKERSHEIM. – Église paroissiale Notre-Dame.

(Bas-Rhin, c^on de Lingolsheim).

Obituaire (XVe siècle).

2173/3. – Strasbourg, arch. dép. du Bas-Rhin, 2G 65/1.

XVe siècle, parchemin, 219 × 309 mm. 24 fol.

Obituaire rédigé en latin, avec quelques ajouts en allemand, accompagné de la traduction allemande du calendrier, XVIIIe siècle (papier, 16 fol.).

INDIQUÉ : Médard BARTH, « Quellen und Untersuchungen zur Geschichte der Pfarreien des Bistums Strassburg im Mittelalter », dans *Archives de l'Église d'Alsace*, t. 2 (1947-1948), p. 140-142. – Anne RAUNER, « Managing a living book. » [*supra*].

DANGOLSHEIM. — Église paroissiale Saint-Pancrace (Saint-Pierre av. 1495).

(Bas-Rhin, c^on de Molsheim).

Obituaire (1495, copie du XVIe siècle).

2173/4. – Strasbourg, arch. dép. du Bas-Rhin, G 6576/17 *bis*.

Manuscrit original de 1495 disparu, connu par une copie du XVIe siècle.

XVIe siècle, papier. 325 × 235 mm, 40 fol.

Obituaire rédigé en latin.

INDIQUÉ : Médard BARTH, « Quellen und Untersuchungen zur Geschichte der Pfarreien des Bistums Strassburg im Mittelalter », dans *Archives de l'Église d'Alsace*, t. 2 (1947-1948), p.142-143.

1. Peu de paroisses étant représentées dans le *Répertoire*, n^os **2173** (Benfeld) à **2185** (Wasselonnes), les nombreuses additions retenues ici ont été numérotées à partir du numéro du *Répertoire* auquel elles succèdent suivi d'un numéro d'ordre.

ERSTEIN. — Église paroissiale Saint-Martin.

(Bas-Rhin, ch.-l. d'arr.).

Registres de fondations d'anniversaires (XVIIIe siècle).

2173/5 a. – Strasbourg, arch. dép. du Bas-Rhin, 2G 129/1.

XVIIIe siècle, papier. 213 × 336 mm. 92 fol.

2173/5 b. – Strasbourg, arch. dép. du Bas-Rhin, 2G 129/2.

XVIIIe siècle, papier. 213 × 331 mm. 92 fol.

HEILIGENSTEIN. — Église paroissiale Saint-Jean-Baptiste.

(Bas-Rhin, c[on] d'Obernai).

Registre des cens obituaires (1547).

2177/1. – Strasbourg, arch. de la ville et de l'Eurométropole, VII 51/37.

1547, papier. 213 × 156 mm. 16 fol.

HILSENHEIM. – Église paroissiale Saint-Martin.

(Bas-Rhin, c[on] de Marckolsheim).

Obituaire, XVe siècle.

2177/2. – Sélestat, arch. comm., JJ 37.

XVe siècle, parchemin, 360 × 240 mm, 38 fol., calendrier romain et lettre dominicale A rubriqués. L'initiale de chaque saint ou fête étant relevée d'une touche de carmin. 5 jours par page. Couverture parchemin.

Obituaire et livre d'anniversaire, donnant le détail des fondations et des débiteurs, notices rédigées en latin et en moyen allemand et souvent dans les deux langues mélangées. Jours vacants.

f. 3[v]. [29 janv] IIII A. KAL. Valerii episcopi. [Valère év. de Trèves].

[30 janv.] III B KAL. Adelgundis virginis. [Aldegonde, vierge].

Ø Benedicta uxor quondam dicti Drutioni, que legavit I. agnum zu Schettenore, pro sol. VI sancto Martino, V sacerdoti, I sacriste. Honselm Schran dat. | *Erbelin dat.* | *Papas dat.*

Cf. *Répertoire*, t. II, p. 927, **SÉLESTAT. – Église paroissiale Saint-Georges**... Sélestat, arch. comm., GG 39. NOTA, avec renvoi à l'inventaire des archives et cette remarque : « Ce ms. manquait en place en 1975. » Il s'agit en fait de ce ms. qui a été reclassé depuis.

INDIQUÉ : Anne RAUNER, « Managing a living book » [*supra*].

* Communication de Mmes Marie Renaudin et Anne Rauner.

HINDISHEIM. — Église paroissiale Saint-Pierre.

(Bas-Rhin, c[on] de Sélestat).

Fragment d'obituaire (XVe siècle).

2177/3. – Strasbourg, arch. de la ville et de l'Eurométropole, 101 Z 1000 (fonds Wittmer).

XVe siècle, parchemin. 327 × 246 mm, 1 fol.

Fragment d'obituaire rédigé en latin et en allemand pour certaines descriptions d'assiette de rentes.

INDIQUÉ : Anne RAUNER, « Managing a living book» [*supra*].

HONAU. — Église paroissiale Saint-Michel.

(Bas-Rhin, c^on de Brumath, c^ne de La Wantzenau).

Obituaire (1542).

2177/4. – Strasbourg, arch. dép. du Bas-Rhin, G 1890/1 (premier document de la liasse).

1542, papier, 213 × 162 mm. 8 fol.

JETTERSWILLER. — Église paroissiale Saint-Pancrace.

(Bas-Rhin, c^on de Saverne).

Obituaire (1617).

2177/5. – Strasbourg, arch. dép. du Bas-Rhin, 2 G 228/1, fol. 1-14.

1617, papier, 302 × 191 mm, 14 fol.

INDIQUÉ : Alfred ADAM, « Die Pfarrei Jetterswiller », dans *Bulletin de la société pour la conservation des monuments historiques d'Alsace*, t. 22 (1908), p. 104-126.

KERTZFEL. — Église paroissiale Saint-Arbogast.

(Bas-Rhin, c^on d'Erstein).

Registre des anniversaires (1764-1829).

2177/6. – Strasbourg, arch. dép. du Bas-Rhin, 2 G 232/1.

XVIIIe siècle, papier, 241 × 176 mm, 171 fol.

MAENNOLSHEIM. — Église paroissiale Saint-Vit (Saint-Gall avant 1578).

Extraits de l'obituaire, XVIe-XVIIe siècle.

(Bas-Rhin, c^on de Saverne).

2177/7. – Strasbourg, arch. dép. du Bas-Rhin, G 1759/5.

S. d., papier. 332 × 209 mm. 6 fol.

MARMOUTIER. — Église paroissiale Saint-Étienne.

(Bas-Rhin, c^on de Saverne).

Fragment d'obituaire (XIIIe-XIVe siècle ?).

2177/8. – Strasbourg, arch. dép. du Bas-Rhin, 136 J 15.

XIIIe-XIVe siècle, parchemin, 228 × 291mm, 2 fol.

Fragment d'obituaire rédigé en latin.

INDIQUÉ : Anne RAUNER, « Managing a living book » [*supra*].

MOLSHEIM. — Église paroissiale Saint-Georges.

(Bas-Rhin, ch.-l. d'arr.).

Obituaire (1500-1527).

2177/9 a. – Strasbourg, arch. dép. du Bas-Rhin, 2 G 300/1.

1500, parchemin, 258 × 348 mm, 47 fol.

f. 1 : Procédure de renouvellement de l'obituaire, qualifié de « caduco libri » et « antiquo libri ». – f. 2-47 : Obituaire rédigé en latin.

Copie moderne fixée sur la garde collée du 2e ais.

Obituaire (attesté dans les années 1560).

2177/9 b. Manuscrit disparu.

Connu par Strasbourg, arch. dép. du Bas-Rhin, G 1808. Manuscrit attesté en 1560-1569 et mentionné comme « *selbuch* ».

Registre des anniversaires (1728).

2177/9 c. Strasbourg, arch. dép. du Bas-Rhin, 2G 300/2.

1728, papier, 345 × 209 mm, 143 fol., f. 115^{v}-142 blancs.

f. 1^{r}-93 : Obituaire. – f. 94^{r}-96 : Fondations d'anniversaires. – f. 97-115^{r} : Calendrier d'anniversaires.

Registre des anniversaires (1728).

2177/9 d. Strasbourg, arch. dép. du Bas-Rhin, 2 G 300/3.

1728, papier, 348 × 209 mm, 146 fol.

f. A : Inscriptions diverses, comptes, anniversaires. – f. 1-93^{r} : Obituaire. – f. 94^{r} : Recettes. – f. 94^{v}-101 : Actes de fondation.

MUTZIG. — Église paroissiale Saint-Maurice.

(Bas-Rhin, ch.-l. de c^{on}).

Registre des anniversaires (1750).

2177/10. – Strasbourg, arch. dép. du Bas-Rhin, 2 G 313/5.

1750, papier, 214 × 175 mm, 18 fol.

f. 1 : Informations sur la rédaction du registre, annotations diverses. – f. 2-13 : Registre des anniversaires. – f. 14^{v}-17 : Recettes.

OBERNAI. — Église, paroissiale Saint-Pierre-et-Saint-Paul.

(Bas-Rhin, ch.-l. de c^{on}).

Obituaire, xve siècle.

2178. Obernai, arch. comm. GG 14. *Corr.* GG 14/1.

xve siècle, papier. 290 × 212 mm, 101 fol.

f. 1-99^{r} : Obituaire, rédigé en latin, avec de courts passages en allemand à la fin de certaines notices. – f. 99^{v}-101^{r} : Actes de fondation ou de donation.

2178 a. Obernai, arch. comm., GG 14/2.

xve siècle, papier. 284 × 210 mm, 81 fol.

f. 1-78^{v} : Obituaire rédigé en latin et en allemand. – f. 79^{r} : Liste de versements de cens. – f. 81^{v} : *Pater noster*, *Ave Maria* et *Credo* en allemand.

2178 b. Obernai, arch. comm., GG 14/3.

xve siècle, papier, 282 × 210 mm, 86 fol.

f. 1-83^{r} : Obituaire, rédigé en latin et en allemand. – f. 83^{v}-84^{r} : Liste de versements de cens. – f. 86 : Dépenses liées à la mise au renouvellement puis aux mises à jour de l'obituaire.

INDIQUÉ : Anne RAUNER , « Managing a living book » [*supra*].

SAINT-PIERRE-BOIS. — Église paroissiale Saint-Gilles.

(Bas-Rhin, c^{on} de Villé).

Obituaire (XVIIIe siècle).

2179/1. – Strasbourg, arch. dép. du Bas-Rhin, 2 G 430/1.

XVIIIe siècle, papier, 436 × 470 mm, 1 fol.

SCHILTIGHEIM. — Église paroissiale Sainte-Hélène.

(Bas-Rhin, ch.-l. de c^{on}).

Obituaires (attesté dans les années 1450).

2179/2 a. – Manuscrit disparu, connu par une mention dans Strasbourg, arch. de la ville et de l'Eurométropole, 1 AH 215, f. 1^{r}. Manuscrit attesté dans les années 1450 ; mentionné comme « *liber vite antiquum* ». L'expression employée suggère que ce manuscrit n'était plus utilisé dans les années 1450.

Une autre mention *ibid.* fait état d'un « *liber vite novum* ». Au vu de la durée de vie moyenne des obituaires, on peut supposer que cet obituaire est celui qui est mentionné comme « *selbuch* » dans le registre de comptes de l'église de 1468/69 (Strasbourg, arch. de la ville, 1AH 216, registre 1468/69, f. 1^{r}) et de 1478 (Strasbourg, arch. de la ville, 1AH 215, f. 13^{r}).

Registre des anniversaires (*c.* années 1470).

2179/2 b. – Strasbourg, archives de la ville et de l'Eurométropole, 1 AH 216, registre 1468-1473, f. 32-33ʳ.

xvᵉ siècle, papier, 290 × 107 mm, 4 fol.

Rédigé en latin.

INDIQUÉ : Anne RAUNER, « Managing a living book » [*supra*].

SCHNERSHEIM. — Église paroissiale Saint-Étienne.

(Bas-Rhin, cᵒⁿ de Bouxwiller).

Censiers des revenus obituaires (1537 et 1541).

2179/3 a. – Strasbourg, arch. dép. du Bas-Rhin, G 5437/5.

xvIᵉ siècle, papier. 332 × 214 mm. 16 fol

Obituaire, perdu (après 1541).

2179/3 b. Manuscrit disparu, connu par le ms. précédent : le censier des anniversaires évoque « le renouvellement de l'obituaire » (f. 12ʳ), ce qui atteste de l'existence d'un nouvel obituaire.

SOULTZ-LES-BAINS. — Église paroissiale Saint-Maurice.

(Bas-Rhin, cᵒⁿ de Molsheim).

Obituaire (attesté en 1507).

Manuscrit disparu, connu par le ms. Strasbourg, arch. dép. du Bas-Rhin, G 5276/3, existant en 1507 et mentionné comme « *antiquo libro vite* »; également mentionné dans G 6581/10. S'agit-il du « *antiquo libro vite* » mentionné dans arch. dép. du Bas-Rhin, G 5276/1 et G 5276/2 (1521) ?

Censier des anniversaires, 1507.

2182. – Strasbourg, arch. dép. du Bas-Rhin, G 6581/10.

1507, papier, 295 × 205 mm, 29 fol.

INDIQUÉ : Médard BARTH, « Quellen und Untersuchungen zur Geschichte der Pfarreien des Bistums Strassburg im Mittelalter », dans *Archives de l'Église d'Alsace*, t. 2 (1947-1948), p. 143-145. – Anne RAUNER, « Managing a living book » [*supra*].

Censier des anniversaires (1521).

2182 a. – Strasbourg, arch. dép. du Bas-Rhin, G 5276/3.

xvIᵉ siècle, papier, 298 x 198 mm. 30 fol.

2182 b. – Strasbourg, arch. dép. du Bas-Rhin, G 5276/2.

XVIe siècle, papier. 179 x 140 mm, 39 fol.

f. 1[r]-7[v] : Copie des notices anniversaires de l'obituaire du pléban selon l'ordre calendaire. – f. 8[r]-30[v] : Censier (nombreux cens obituaires).

Copie réalisée en 1539 :

2182 c. – Strasbourg, arch. dép. du Bas-Rhin, G 5276/1.

1539, papier. 168 × 110 mm. 48 fol.

INDIQUÉ : Anne RAUNER, « Managing a living book » [*supra*].

Obituaires (1766).

2182 d. – Strasbourg, arch. dép. du Bas-Rhin, 2 G 473/3 (pièce 1).

1766, papier, 214 × 177 mm, 9 fol.

2182 e. Strasbourg, arch. dép.du Bas-Rhin, 2 G 473/3 (pièce 2).

1766, papier, 209 × 172 mm, 12 fol.

STRASBOURG. — Église paroissiale Sainte-Aurélie.

(Bas-Rhin, ch.-l. de dép.).

Obituaire abrégé (XVe-XVIe siècle).

2183 a. – Strasbourg, arch. de la ville et de l'Eurométropole, 6 AST 31/18.

XVe-XVIe siècle, parchemin, 228 × 100 mm, 10 fol.

Obituaire rédigé en latin.

Obituaire (1457-1506).

2183 b. Strasbourg, arch. de la ville et de l'Eurométropole, 1 AH 1718.

1457-1506, parchemin. 353 × 250 mm, 56 fol.

f. A : Actes divers. – f. 1[r] : Vérification des anniversaires par le « werckmeister » et le pléban de Sainte-Aurélie (1469), liste de défunts pour lesquels une collecte spécifique doit être dite (1506). – f. 1[v]-53[r] : Obituaire. – f. 53[v] : Legs. – f. 54[v]-55[r] : Dépenses importantes pour l'église (1505-1515). – f. 55[v] : Mention des mises à jour de l'obituaire.

Obituaire, 1523.

2183 c. Strasbourg, arch. de la ville et de l'Eurométropole, 1 AH 1719.

1523, papier et parchemin, 378 × 289 mm, 49 fol.

Copie de : Strasbourg, arch. de la ville et de l'Eurométropole, 1 AST 190a.b [= *Répertoire*, n° 2183]. – f. 1-2 : fondations d'anniversaires. – f. 2[v]-48[v] : Obituaire.

INDIQUÉ : Anne RAUNER « Managing a living book » [*supra*].

STRASBOURG. — Église paroissiale Saint-Nicolas.

Obituaire (xve siècle).

2183/1. – Strasbourg, arch. de la ville et de l'Eurométropole, 6AST 33/2.

xve siècle, papier, 303 × 208 mm, 48 fol.

Obituaire rédigé en latin.

WANTZENAU (LA). — Église paroissiale Notre-Dame.

(Bas-Rhin, c[on] de Brumath).

Obituaire (1582).

2184/1. — Strasbourg, arch. dép. du Bas-Rhin, G 1890/1.

1582, papier, 321 × 220 mm, 42 fol.

WASSELONNE. — Église paroissiale Saint-Laurent.

(Bas-Rhin, ch.-l. de c[on]).

Obituaire, 1558.

2185 a. – Strasbourg, arch. de la ville et de l'eurométropole de Strasbourg, VI 179/8.

1558, papier, 238 × 210 mm, 12 fol.

Copie par Ulrich Hering, greffier et receveur de la fabrique de l'église de Wasselonne, de l'obituaire de 1487 [*Répertoire*, n° 2185].

Indiqué : Médard Barth, *Handbuch der elsässischen Kirchen im Mitterlalter = Archives de l'Église d'Alsace*, NS t. 13 (1962-1963), col. 1656. – Louis Klock « Le dernier obituaire de l'église de Wasselonne », dans *Cahiers de la Société d'histoire et d'archéologie de Saverne et environs*, 1970, p. 21-22.

WESTHOFFEN. — Église paroissiale Saint-Erhard.

(Bas-Rhin, c[on] de Wasselonne).

Extraits de l'obituaire (s.d., 1696 ?).

2185/1. – Strasbourg, arch. dép. du Bas-Rhin, 131 J 26.

[1696], papier, 288 × 211 mm, 2 fol.

WESTHOUSE. — Église paroissiale Saint-Matthieu.

(Bas-Rhin, c[on] d'Erstein).

Obituaire (av. 1546).

Manuscrit disparu, connu par le suivant, fol. 1r ; mentionné comme « *liber vite*».

Indiqué : Médard Barth, *Handbuch der elsässischen Kirchen im Mittelalter = Archives de l'Église d'Alsace*, t. 27-29 (1960-1963), col. 1751.

Censier des anniversaires (1546).

2185/2. – Strasbourg, arch. dép. du Bas-Rhin, G 6581/16.

1546, papier. 212 × 166 mm, 52 fol.

INDIQUÉ : Médard BARTH, *Handbuch*, col. 1725 ; – ID., « Quellen und Untersuchungen zur Geschichte der Pfarreien des Bistums Strassburg im Mittelalter », dans *Archives de l'Église d'Alsace*, t. 2 (1947-1948), p. 63-172.

DIOCÈSE DE SPIRE [1]

LAUTERBOURG. – Église paroissiale de la Sainte-Trinité et chapelle Notre-Dame hors de la ville.

(Bas-Rhin, c^on de Wissembourg).

Obituaires (XVIIIe siècle et XIXe siècle ?).

2187/1. – Strasbourg, arch. dép.du Bas-Rhin, 2 G 261/5.

XVIIIe siècle, papier, 334 × 208 mm, 196 fol.

Lauterburger Pfarrei Buch.

f. 6-42 : Obituaire de la paroisse. – f. 43-44 : « Obituaire » de la chapelle Notre-Dame hors de la ville. – f. 160-183 : Obituaire de la paroisse. – f. 184-187 : décrets épiscopaux. – f. 188-191 vierges. – f. 192-196^r : Textes divers (lettres pastorales, décrets, etc.).

Registre des anniversaires (XVIIIe siècle).

2187/2. – Strasbourg, arch. dép. du Bas-Rhin, G 5813/3.

XVIIIe siècle, papier. 335 × 205 mm, 2 fol.

NIEDERLAUTERBACH. – Église paroissiale Sainte-Marguerite.

(Bas-Rhin, c^on de Wissembourg)

Extrait du calendrier des anniversaires(1736).

2187/3. – Strasbourg, arch. dép. du Bas-Rhin, G 5818/2.1

1736, papier, 338 × 208 mm. 2 fol.

WISSEMBOURG. — Église paroissiale Saint-Michel.

Fragment d'obituaire, XVe siècle.

2187/4. – Strasbourg, arch. dép. du Bas-Rhin, 2 G 544 B, charte 21.

XVe siècle, parchemin, 281 × 204 mm, 2 fol.

Fragment d'obituaire.

1. Voir *supra* DIOCÈSE DE STRASBOURG. Ces références sont issues de thèse d'Anne Rauner.

DIOCÈSE DE BÂLE

ASPACH. – Église paroissiale Saint-Barthélemy.

(Haut-Rhin, arr. et c^on^ d'Altkirch).

Obituaire, s. d.

2314 *bis*. Connu par copie du XVIIIe siècle dans Erzbischöfliches Archiv Freiburg, Ha 570.

XVIIIe siècle, Papier. 333 × 241 mm. 13 fol.

Ce livre est le premier volume de l'ouvrage *Collectio Septemdecim cum Antiquorum ut vocant librorum vitae tum novorum necrologiorum variorum monasterium et ecclesiarum*, de Gregorius BAUMEISTER, 1740.

p. 1-25 : Obituaire. – p. 26-35 : Indulgences et privilèges accordés à la paroisse.

BERGHOLTZ. — Église paroissiale.

(Haut-Rhin, c^on^ de Guebwiller).

Copie d'un calendrier avec obits, XIXe siècle.

2315 *bis*. – Paris, BnF, Nouv. acq. lat. 742.

XIXe siècle, papier, 270 × 175 mm, 7 fol. Cartonné.

Vetus kalendarium parochiae Bergholtz, conscriptum circa annum 1600. Copie anonyme.

DIOCÈSE DE SION

SAINT-MAURICE D'AGAUNE. — Abbaye Saint-Maurice, chanoines réguliers.

(Suisse, c^on^ du Valais).

Obituaire (fragment), fin XIIe-XIVe siècle.

2341 *bis*. – Saint-Maurice d'Agaune, arch. de l'abbaye, CHN 62/1/1.

Fin XIIe siècle, parchemin, 217 × 298 mm, 2 bifol. (= 8 p.), retrouvés dans des plats de reliure, couvrant 62 jours. 7/8 jours par page, rubriques.

Calendrier obituaire ; calendrier romain et lettres dominicales, 7/8 jours par page ; notices sommaires Ø, noms et qualité des défunts ; quelques mentions de fondations, souvent reportées dans une colonne à l'extrémité du feuillet.

INDIQUÉ : Léo MÜLLER, « Recherches sur le martyrologe-obituaire de l'église d'Agaune », dans *Vallesia*, t. 33 (1978), p. 79-85. — Bernard ANDEMATTEN, Germain HAUSMANN, Laurent RIPART et Françoise VANNOTTI, *Écrire et conserver. Album paléographique de l'abbaye de Saint-Maurice d'Agaune (VIe-XVIe siècles)*, Chambéry, Lausanne, Saint-Maurice, 2010, p. 28-29, n° 6 et pl. 5.

DIOCÈSE DE GRENOBLE

LA GRANDE CHARTREUSE. — Abbaye chef d'ordre.

(Isère, c^on^ de Saint-Laurent-du-Pont, c^ne^ de Saint-Pierre-de-Chartreuse).

Nécrologe primitif, XIIe siècle. – **Pl. 12.**

2412. – La Grande Chartreuse, arch. du monastère, 2 Cal 2.

ÉDITÉ : *Le nécrologe primitif de la Grande Chartreuse*, publ. par Jean-Loup LEMAITRE et Sylvain EXCOFON, Saint-Étienne, 2015 (*Analecta Cartusiana*, 309).

FAC-SIMILÉ : voir éd., p. 25-62 (pages impaires).

* À l'occasion de cette publication, dom Luc Fauchon (†), dédicataire de l'ouvrage et ancien archiviste de la Grande Chartreuse nous a apporté un correctif relatif aux bénédictions de la p. 60 (lettre du 30 août 2015) :

« Les bénédictions qui se trouvent au verso du dernier folio du ms. du plus ancien calendrier de Chartreuse, ne sont pas celles de l'office du chapitre mais de l'office de matines, les nuits de 12 leçons. Il n'y a chez nous aucune bénédiction lors de la tenue du chapitre. Il ne faut donc pas les chercher dans un volume de l'office du chapitre mais dans le bréviaire. (*Breviarium sacri ordinis Cartusiensis typis cartusiae S. Mariae de Pratis*, 1879, p. 160-161). »

DIOCÈSE DE BOURGES

LÉRÉ. — Église collégiale Saint-Martin.

(Cher, ch.-l. de c^on^).

Livre du chapitre, XIIIe siècle.

2496 *bis*. – Ms. perdu.

Ms. in-4° conservé dans l'église de Léré au début du XVIIIe siècle, les éloges du martyrologe étant suivi chaque jour du nécrologe mentionné dans une note du jésuite Étienne Souciet (né à Bourges le 12 octobre 1671 et mort à Paris le 14 janvier 1744), qui entretient des rapports étroits avec les bollandistes.

Bruxelles, bibl. des Bollandistes, ms. Boll. 406, pièce 2, f. 32-33.

« NOTA.

« Léré, dont il est parlé à la première page de cet écrit est un bourg ou petite ville de Berry à trois lieues au nord de Sancerre et à un demi-quart de lieue de la Loire, vis-à-vis [Cosne] à peu près. Il y a un chapitre, qui dépend de celui de Saint-Martin de Tours, dont il suit l'office et leur rite. C'est le seul endroit où soit conservé l'ancien martyrologe de Saint-Martin de Tours ; car à Saint-Martin même ils ne l'ont pas et ils ont fait ce qu'ils ont pu pour obtenir du chapitre de Léré celui qu'ils ont, mais inutilement. Il y a quelques années qu'étant en Berry, proche de Sancerre, j'allai exprès à Léré pour voir ce martyrologe et l'examiner. Je le trouvai dans l'église, sur le pupitre, car ils n'en n'ont point d'autres, et c'est celuy dont ils se servent tous les jours à l'office, d'où vient qu'il n'est pas fort bien conservé et qu'il s'use beaucoup. Cependant il est encore très entier. C'est un manuscript in-4° que je jugeai être d'environ six cents ans. Il comprend non seulement le martyrologe, mais un nécrologe des seigneurs et gens considérables du pays, ce qui le rend considérable et précieux à la noblesse et aux familles du pays et des pays circonvoisins. Chaque article du martyrologe pour chaque jour est plus court d'une bonne moité que le martyrologe romain, tel que nous l'avons aujourd'hui. Chaque jour au bas du martyrologe se trouve le nécrologe, c'est-à-dire la mémoire des morts des seigneurs et autres bienfaiteurs du chapitre de Léré, ou affectionnés au chapitre. Il est de différent temps et de différents écrivains plus ou moins anciens, selon que ces seigneurs et autres ont vécu et sont morts plus ou moins tard après que le martyrologe a été écrit. Plusieurs de ces mémoires sont de la même écriture que le martyrologe et de même temps à ce qu'il me parut. Voilà en général ce qu'est le maryrologe de Léré, qui appelle saint Optat *Obtatus*. »

INDIQUÉ : Bernard JOASSART, *Érudition hagiographique au XVIII*[e] *siècle. Jean Lebeuf et les Bollandistes*, Bruxelles, 2003 (*Tabularium hagiographicum*, 3), p. 196 [édition de la note du P. Souciet].

DIOCÈSE DE RODEZ

RODEZ. — Chapitre cathédral Notre-Dame.

(Aveyron, ch-l. de dép.).

Feuillet arraché du martyrologe-obituaire du XVIe siècle.

2595 d. — Coll. part. (dépôt actuel inconnu).

XVIe siècle, parchemin, (500 × 360 mm), un fol.

Feuillet correspondant au 6 juillet, arraché et réutilisé pour être enrichi d'une bordure et d'une peinture figurant une procession, XIX [e] siècle (attribuable au « faussaire espagnol » selon François Avril, cf. *Les obituaires du chapitre cathédral de Rodez*, p. 82-85).

Pridie non. Julii.

Obitus domini Petri Bes, condam presbiteri et parentum suorum ipsa die distribuendus.

Obiit magister Petrus de Cabanis archidiaconus Amilhavi istius ecclesie. Q. a. re. in pa.

Obits au recto seul, la doxologie suivant le second obit. Voir *Les obituaires du chapitre cathédral de Rodez*, l'obituaire de 1606, notice 1047 le 10 juillet pour *Petrus Bes* et notice 1043, le 6 juillet pour *Petrus de Cabanis*.

Vendu à Paris, Hôtel Drouot, le 12 avril 2018 (Étude Ruizon-Rieunier, *Vente classique cataloguée*, lot n° 25), adjugé 1 000 €.

*Information communiquée par M. François Avril en juillet 2018.

DIOCÈSE DE LIMOGES

LIMOGES. — Chapitre cathédral Saint-Étienne.

(Haute-Vienne, ch.-l. de dép.).

Extraits du martyrologe-obituaire, XVIIe siècle.

2711-2713. – BnF, lat. 17118 p. 555-562 ; coll. Baluze, vol. 41, f. 79-80, 83-84 ; coll. Baluze vol. 74, f. 1-2.

Obituaires, XIIe-XIVe siècles.

2714. – Arch. dép. de la Haute-Vienne, 3 G 511.

2715. – Arch. dép. de la Haute-Vienne, I SEM 13 (1), p. 217-271. Copie de Martial Legros.

2716. – Paris, BnF, lat. 17118, p. 563-576.

2717. – Paris, BnF, lat. 9193, p. 585-596 (extraits pris par dom Claude-Joseph Col).

Obituaire et livre de distributions, XVIe siècle et extraits XVIIe-XVIIIe siècles.

2718. – Limoges, Bibliothèque francophone multimédia, ms. 12.

2719. – Arch. dép. de la Haute-Vienne, I SEM 13 (1), p. 477-485.

2720. – Paris, BnF, lat. 12763, p. 244-247.

Terrier des anniversaires, XIVe siècle.

2721. – Arch. dép. de la Haute-Vienne, 3 G 512.

ÉDITÉ : *Les obituaires du chapitre cathédral Saint-Étienne de Limoges*, publiés sous la dir. de Jacques VERGER par Jean-Loup LEMAITRE, Paris, 2017 (Recueil des Historiens de la France. Obituaires, sér. in-8°, vol. XVI).

LIMOGES. — Cordeliers.

(Haute-Vienne, ch.-l. de dép.).

Livre du chapitre, XVe siècle.

2757 *bis* a. – [Toronto, The Bergendal Collection…, ms. 67].

Le ms., vendu le 5 juillet 2011 chez Sotheby's à Londres (*Western Manuscripts and Miniatures*, London, Sotheby's 5 july 2011, lot n° 102) a été revendu en mai 2012 par la galerie « Les Enluminures » (Paris) et acheté par la Bibliothèque francophone multimédia de Limoges.

= Limoges, Bibliothèque francophone multimédia, ms. 295.

LES TERNES. — Prieuré Notre-Dame, célestins.

(Creuse, c^on d'Ahun, c^ne de Pionnat).

Obituaire, XVIe siècle.

2811. – Limoges, arch. de la Société archéologique et historique du Limousin, ms. 5 / arch. dép. de la Haute-Vienne, 123 J 5.

ÉDITÉ : *Trois obituaires marchois. Les célestins des Ternes. Les prêtres filleuls de Banize et de Magnac-Laval*, publiés sous la direction de Jacques VERGER par Jean-Loup LEMAITRE, avec la collaboration de Pascale MAROUSEAU, Paris, 2019 (Recueil des Historiens de la France. Obituaires, sér. in-8°, vol. XVIII), p. 9-128.

BANIZE. — Communauté des prêtres filleuls.

(Creuse, c^on de Saint-Sulpice-les-Champs).

Obituaire, fin du XVe siècle.

2822. – Guéret, arch. dép. de la Creuse, 25 G 3.

Édité : *Trois obituaires marchois. Les célestins des Ternes. Les prêtres filleuls de Banize et de Magnac-Laval* [*supra*], p. 129-212.

MAGNAC-LAVAL. — Communauté des prêtres filleuls.

(Haute-Vienne, ch.-l. de c^on^).

Obituaire, vers 1502-1503.

2826. – Magnac-Laval, église Saint-Maximin, ms. n. c.

Édité : *Trois obituaires marchois. Les célestins des Ternes. Les prêtres filleuls de Banize et de Magnac-Laval* [*supra*], p. 213-337.

LA SOUTERRAINE. — Communauté des prêtres filleuls.

(Creuse, ch.-l. de c^on^).

Fragment d'obituaire, fin XIVe siècle.

2830 *bis*. – Guéret, arch. dép. de la Creuse, ms. n. c.

Édité : *Trois obituaires marchois. Les célestins des Ternes. Les prêtres filleuls de Banize et de Magnac-Laval* [*supra*], p. XIV-XV.

DIOCÈSE DE MENDE

MENDE. — Chapitre cathédral.

(Lozère, ch.-l. de dép.).

Fragment de nécrologe, XVe siècle.

2840 b. – Mende, arch. dép. de la Lozère, 1 J 9.

155/157 × 400 mm, parchemin, 2 ff., montés sur onglets, XVe siècle, add. XVIe siècle.

Feuillets provenant anciennement du nécrologe déposé aux arch. dép. de la Lozère, sous la cote J 6, concernant le 16 août. Cf. *3e supplément*, p. 43-44. – Passés en vente publique à Paris, Hôtel Drouot, le 27 avril 2012, Vente Million, lot n° 143.

Indiqué : *Livres, manuscrits et documents anciens*. Hugo Paolantonacci expert. Million, maison de vente aux enchères, Paris, [27 avril] 2012, p. 31, n° 243.

DIOCÈSE DU PUY

LE PUY. — Frères mineurs.

(Haute-Loire ch-l. de dép.).

Extraits du nécrologe et de l'obituaire, par dom Claude Estiennot, 1677.

2855. Paris, BnF, lat. 12766, p. 139-140.

ÉDITÉ : *Les obituaires des églises du Puy*, publiés sous la direction de Jacques VERGER par Jean-Loup LEMAITRE, Paris, 2020 (Recueil des Historiens de la France. Obituaires, sér. in-8°, vol. XXII), p. 77-104.

LE PUY. — Église Saint-Laurent, frères prêcheurs.

(Haute-Loire, ch.-l. de dép.).

Obituaire mural de la famille de Polignac. – **Pl. 14.**

2856 *bis*. – Le Puy, église Saint-Laurent, murs sud et nord du chœur.

Peintures murales, XVIe siècle (après 1528).

La famille de Polignac avait fait élection de sépulture dans l'église du couvent des dominicains, fondé en 1221[1], et un obituaire a été peint sur les murs sud du chœur de l'église pour les vicomtes et nord pour les vicomtesses : 14 lignes pour les notices des vicomtes, les deux premières et le début de la troisième étant en partie effacées, dix-neuf lignes pour les femmes, avec des lacunes pour les lignes 1 et 3. Les obits sont donnés chronologiquement : [...], 1331 1343, 1371, 1385, 1386, 1473, 1509, 1518. Ainsi l'avant-dernier obit : *Item nobilis dominus Armandus dit Daude qui obiit anno Domini M°.CCCCC. IX die vero XXIIII augusti et tunc sepultus in Viaya deinde translatus et sepultus hic*. Pour les femmes, 1312, 1326, 1332, 1348, 1372, 1392, 1472, 1528, en addition 1552. Citons l'obit de Marguerite de Pompadour, veuve depuis 1518 de Guillaume Armand de Polignac : *Item nobilis domina Margareta de Pompador*[2], *que jura et dominia domus Podo(niaci) viriliter litigando Tholose obiit anno Domini M°.CCCCC.XXVIII die vero XVII maii et tandem XIX die mensis junii ejusdem anni hic solempniter sepulta*.

ÉDITÉ : *Les obituaires des églises du Puy* [*supra*], p. 105-122.

LE PUY. — Église collégiale Saint-Vosy.

(Haute-Loire, ch.-l. de dép.).

Fragments du nécrologe, XIIe-XIIIe siècle. – **Pl. 15-16.**

2860 a. – Arch. dép. de la Haute-Loire, G 1053, pièces 5-6.

XIIe siècle (après 1173), parchemin, 245 × ± 332 mm, 2 feuillets ayant servi de couverture, provenant de la reliure de quatre manuscrits de la bibliothèque du grand séminaire de Romans, découverts en 1880 par l'abbé Jules Chevalier.

f. 5 : VI kal. jul. – III kal. | II kal. jul. – VI non. jul. [= 26 juin-2 juillet].

f. 6 : III kal. oct. – II kal. oct. – VI non. oct. V-II non. oct. [= 29 septembre-6 octobre].

État des feuillets conservés [et connus], les nos étant ceux des fragments arch. dép. Haute-Loire G 1503, pièces 1-4 et 5-6.

1. Voir Y. CARBONELL-LAMOTHE, « Les églises des ordres mendiants dans la ville du Puy », dans *Congrès archéologique de France, 133e session, 1975, Velay*, Paris, 1976, p. 354-367.

2. Sur Marguerite de Pompadour, née le 19 juin 1491, voir. J. NADAUD, *Nobiliaire du diocèse et de la généralité de Limoges*, publ. par l'abbé A. LECLER, t. II, Limoges, 1863-1872, p. 500.

2 — 1-7/03.
0 — 14-20/04 [BnF, Nouv. acq. lat. 2073, p. 7-8].
— 21-27/04.
5 — 26/06-2/07.
4 — 26-31/07.
3 — 7-14/09.
1 — 15/09 >.
— > 28/09.
6 — 29/09-6/10.

Fragments de même provenance passés en vente publique à Paris, Hôtel Drouot, le 29 juin 2012.

FAC-SIMILÉ : cf. *infra*, pl. 13-16 et éd. pl. 1-18.

ÉDITÉ : *Les obituaires des églises du Puy* [*supra*], p. 11-76.

INDIQUÉ : *Manuscrits, livres, portraits, souvenirs historiques*, Million, maison de vente aux enchères, Paris, [29 juin] 2012, p. 8, n° 2.

DIOCÈSE DE BORDEAUX

BORDEAUX. — Cathédrale Saint-André.

(Gironde, ch.-l. de dép.).

Nécrologe, XIIIe siècle.

2862. – Arch. dép. de la Gironde, 4 J 73.

Obituaire et livre de distributions, XIVe s.

2864. – Arch. dép. de la Gironde, G 315.

ÉDITÉ : *Les obituaires du chapitre cathédral Saint-André de Bordeaux*, publiés sous la direction de Jacques VERGER par Françoise LAINÉ, avec la collaboration de Jean-Loup LEMAITRE et de Daniel-Philippe PICARD O.P., Paris, 2015 (Recueil des Historiens de la France. Obituaires, sér. in-8° , vol. XV).

SAINT-ÉMILION. — Abbaye, chanoines réguliers.

(Gironde, c^on de Libourne).

Martyrologe-nécrologe, XIIe siècle.

2875. – Arch. dép. de la Gironde, G 902.

ÉDITÉ : *Le livre du chapitre de Saint-Émilion*, publié sous la direction de Jacques VERGER par Françoise LAINÉ, avec la collaboration de Frédéric BOUTOULLE et de Jean-Loup LEMAITRE, Paris, 2017 (Recueil des Historiens de la France. Obituaires, sér. in-8°, vol. XVII).

DIOCÈSE D'AGEN

CLAIRAC. — Abbaye Saint-Pierre, moines noirs.

(Lot-et-Garonne, ch.-l. de c^on^).

Obituaire et livre des anniversaires, XIVe siècle.

2882 *bis-ter*. – Rome, Archivio capitolare Lateranense, XY. 35, f. 648-711, XY. 35, f. 729, 712-728.

ÉDITÉ : *Les obituaires de l'abbaye de Clairac*, publiés sous la direction de Jacques VERGER par Françoise LAINÉ, avec la collaboration de Hervé BOUILLAC, Pierre SIMON et Jean-Loup LEMAITRE, Paris, 2019 (Recueil des Historiens de la France. Obituaires, sér. in-8°, vol. XIX).

INDIQUÉ : Jean-Loup LEMAITRE, « L'obituaire de l'abbaye de Clairac », dans *Clairac et son abbaye. Actes du colloque du 21 mai 2016*, Agen, 2016 (Recueil des travaux de l'Académie d'Agen, 3e série, t. X), p. 21-36.

DIOCÈSE DE PÉRIGUEUX

SAINT-PARDOUX-LA-RIVIÈRE. — Dominicaines.

(Dordogne, ch.-l. de c^on^).

Fragment de martyrologe-obituaire, XVe siècle.

2957 *bis*. – Périgueux, Arch. dép. de la Dordogne, ms. 51.

XVe siècle, parchemin, 2 fol. (bifeuillet central d'un cahier), 21 x 140 mm, 23 lignes, rubriques, petites lettres champies, corps de la lettre en or.

Martyrologe d'Usuard pour les 7-12 mai, avec addition d'un obit au f. 2^v^, « Obiit soror in die... ».

INDIQUÉ : Thomas FALMAGNE, « "Après avoir suffisamment savouré la poussière" de Cadouin, "renifler" les fragments médiévaux à Périgueux », dans *Manuscrits de Cadoin, Actes du colloque de Périgueux (20 et 21 juin 2013) = Mémoire de la Dordogne*, n° 25 (2015), p. 168, n° 40.

DIOCÈSE DE NARBONNE

NARBONNE. — Cathédrale Saint-Just et Saint-Pasteur.

(Aude, ch.-l. d'arr.).

Martyrologes-obituaires, perdus mais copiés au XVIIIe siècle par le P. Laporte.

3043. – Toulouse, bibl. mun., ms. 623.

ÉDITÉ : *Le livre du chapitre de Saint-Just et Saint-Pasteur de Narbonne*, publié sous la direction de Jean FAVIER par Jean-Loup LEMAITRE, Paris, 2014 (Recueil des Historiens de la France. Obituaires, sér. in-8°, vol. XIII).

DIOCÈSE D'AIX-EN-PROVENCE

AIX-EN-PROVENCE. — Cathédrale Saint-Sauveur.

(Bouches-du-Rhône, ch.-l. d'arr.).

Martyrologe-obituaire, XIVe siècle.

3151. – Aix en-Provence, Bibl. Méjanes, ms. Rés. 37b(14).

ÉDITÉ : *Les obituaires du chapitre cathédral Saint-Sauveur et de l'église Sainte-Marie-de-la Seds d'Aix-en-Provence*, publiés sous la direction de Jean FAVIER et de Jean-Loup LEMAITRE, par Anne CHIAMA et Thierry PÉCOUT, Paris, 2010 (Recueil des Historiens de la France. Obituaires, sér. in-8°, vol. IX), p. 106-305.

AIX-EN-PROVENCE. — Église paroisiale Sainte-Martie de la Seds.

(Bouches-du-Rhône, ch.-l. d'arr.).

Livre des anniversaires, XIIe-XIIIe siècles.

3161. – Paris, BnF, Nouv. acq. lat. 753.

ÉDITÉ : *Les obituaires du chapitre cathédral Saint-Sauveur et de l'église Sainte-Marie-de-la Seds d'Aix-en-Provence* [*supra*], p. 308-320.

DIOCÈSE D'APT

APT. — Cathédrale Sainte-Marie et Saint- Castor.

(Vaucluse, ch.-l. d'arr.).

Martyrologe-nécrologe, XIe siècle.

3164. – Copenhague, Det Kongelige Bibliotek, ms. Thott 134 Fol.

ÉDITÉ : *Le nécrologe du chapitre cathédral Sainte-Marie et Saint-Castor d'Apt*, publié sous la direction de Jacques VERGER par Thierry PÉCOUT, avec la collaboration de Guy BARRUOL, Yann CODOU, Martine JOUVE-CODOU et Jean-Loup LEMAITRE, Paris, 2016 (Recueil des historiens de la France. Obituaires, sér. in-8°, vol. XV).

DIOCÈSE DE FRÉJUS

BARJOLS. — Collégiale Sainte-Marie.

(Var, ch.-l. de c^on^).

Fragment de l'obituaire, XIVe siècle.

3169*bis*. – Vatican, Archives apostoliques vaticanes, Instr. misc. 4123, f. [A] et 21.

XIVe siècle, parchemin, 270 × 400 mm, 2 fol. L'obituaire a servi de couverture à un registre de procédure judiciaire et rapportant les procès-verbaux de vingt-deux interrogatoires consignés entre le 28 janvier et le 5 février 1349. Le dernier feuillet (f. 21^rv^) est très dégradé.

L'obituaire a été confectionné après 1335 et avant mars 1349. Ce fragment ne comporte que les mois de janvier, février, novembre et décembre.

ÉDITÉ : Thierry PÉCOUT, « Le calendrier obituaire de la collégiale Sainte-Marie de Barjols », dans *Revue d'histoire de l'Église de France*, t. 95 (2009), p. 299-305.

DIOCÈSE D'AVIGNON

VILLENEUVE-LÈS-AVIGNON. — Chartreuse du Val-de-Bénédiction.

(Gard, ch.-l. de c[on]).

Fragment d'obituaire, fin XIVe siècle.

3242 a. – Coll. part. [dépôt actuel inconnu]*.

XIVe siècle, parchemin, 150 × 215 mm, 3 + 2 ff. de garde (et 56 fragm. de parchemin insérés dans le texte), initiales rouges et bleues, rubriques. Trois ex-libris des XIVe, XVe et XVIIe-XVIIIe siècles.

Fragment d'obituaire servant de garde à un recueil de gloses sur les premiers livres de la Bible, composé par un chartreux anonyme, *Cartusiensis glossa in Pentateuco et libris Regum.*

« Les feuillets remployés comme garde sont des fragments d'un calendrier de la chartreuse de Villeneuve pour l'année 1381. Ils offrent le texte d'une vingtaine d'obits :

f. B[v]. Anno Domini millesimo CCC[mo] LXXXI, quarto idus februarii erit Septuagesima.

[1] Obiit reverendus in Christi pater dominus Philippus de Arbosio, episcopus Tornacensis, unus de fondatoribus domus de Tornaco, qui habet monachatum \sine psalteriis/ per totum ordinem, qui obiit die [blanc]… »

Le texte se poursuit f. A[v] et C (ce dernier formé de deux demi-feuillets, C[1] et C[2]), cf. éd.

ÉDITÉ : André VERNET, « Un manuscrit de la chartreuse de Villeneuve-lès-Avignon », dans *Bibliothèque de l'École des chartes*, t. 107 (1948), p. 76-82 [éd. p. 80-82]. *L'article n'a pas été réimprimé dans A. VERNET, *Études médiévales*, P aris, 1981 (Études Augustiniennes).

*M. Laurent de Laforte, à Lyon, 3 rue Sala en 1948.

DIOCÈSE DE TOULON

TOULON. — Cathédrale Notre-Dame de la Seds.

(Var, ch.-l de dép.).

Martyrologe-nécrologe, XIIe siècle.

3272. – Vatican, Bibliothèque apostolique vaticane, ms. Regin. Lat. 540.

ÉDITÉ : *Le livre du chapitre du chapitre cathédral Notre-Dame de la Seds de Toulon*, publié sous la direction de Jacques VERGER par Thierry PÉCOUT, avec la collaboration de Nathalie MOLINA et Jean-Loup LEMAITRE, Paris, 2020 (Recueil des Historiens de la France. Obituaires, sér. in-8°, vol. XX),

DIOCÈSE DE SENEZ

SENEZ. — Chapitre cathédral Sainte-Marie.

(Alpes-de-Haute-Provence, arr. de Digne, c^on^ de Riez).

Calendrier-obituaire, fin XIIe siècle.

3285 *bis*. – Carpentras, bibliothèque Inguimbertine, ms. 72, f. 2-6^v^.

XIIe siècle, parchemin, 215 × 300 mm, 301 ff.

Calendrier incomplet (mq. le f. 1, janvier-février), en tête d'un bréviaire.

« Plusieurs éléments du bréviaire (f. 103-112 : capitules; f. 137-247 et 261-292 : oraisons, lectionnaire de l'office, bénédictions et *ordo* de visite des malades), tout comme le calendrier, paraissent avoir été composés à la fin du XIIe siècle. Le reste daterait des premières décennies du suivant, si l'on en juge par l'écriture, une caroline très nettement gothicisante, et les motifs végétaux et entrelacs des initiales ornées (f. 9-102, psautier férial), ou du courant de ce même siècle (f. 248-260, additions au lectionnaire), ainsi que du XIVe siècle (f. 113-136, hymnaire). Le catalogue Lambert datait fautivement l'ensemble du XVe siècle. Au f. 136^v^, la mention d'un explicit de l'Hymnaire renvoie à l'Église de Senez : *Explicit ymnarius quod ad usum Ecclesie Senecensis*. En outre, le bréviaire comporte parmi ses derniers feuillets la *Passio* de sainte Catherine (f. 296-300), puis une oraison pour les morts (f. 300-300^v^).

Les obits de ce calendrier renvoient à des individus dont les dates extrêmes connues sont comprises entre 1218, peut-être 1212, hypothétiquement les années 1170, et 1317, date à la fois de l'obit de l'évêque Bertrand d'Esparron et de la canonisation de Louis d'Anjou. Le calendrier a cessé par la suite d'être annoté. Ces notices ne concernent que des clercs : quatre évêques et un prévôt de Senez, un évêque de Grasse, un évêque de Glandèves et un archevêque d'Embrun, ces trois derniers ayant entretenu des liens plausibles avec ce chapitre régulier, sans doute parce qu'ils y ont débuté leur carrière. » [Th. Pécout].

ÉDITÉ : Thierry PÉCOUT, *Senez, le calendrier obituaire de la cathédrale Sainte-Marie*, [Valensole], 2016.

INDIQUÉ : Aix-en-Provence, bibl. Méjanes, ms. 813 (772-R 277), *Catalogus manuscriptorum bibliothecae publicae Carpentoracti*, par Philippe FABRE DE SAINT-VÉRAN, 1758, cahier n° 13, f. 6^v^ et 302^v^ du recueil factice, qui repère le *Breviarium Senecense* parmi les livres liturgiques manuscrits in-4°. — C. G. A. LAMBERT, *Catalogue des manuscrits de la bibliothèque de Carpentras*, t. I, Carpentras, 1862, p. 43-44. — L.-H. LABANDE, *Catalogue général des manuscrits des bibliothèques publiques de France. Départements : Carpentras*, t. 34, Paris, 1901, p. 38-39. — V. LEROQUAIS, *Les bréviaires manuscrits des bibliothèques publiques de France*, t. I, Paris, 1934, n° 144, p. 237-239.

TABLE CUMULATIVE DES ÉTABLISSEMENTS

Cette table fournit, dans l'ordre alphabétique, la liste des établissements (cathédrale, abbayes, prieurés, églises collégiales, églises paroissiales…) figurant dans les divers suppléments publiés depuis celui qui termine le second volume du *Répertoire* (1980) jusqu'à ce 4e supplément. Les localisations précises figurant dans le répertoire et les différents suppléments ne sont pas reprises ici. On trouve donc successivement la localité où est situé l'établissement concerné, le diocèse dans lequel il se trouve [entre crochets droits, *en italiques*], sauf s'il s'agit d'une ville épiscopale, le type d'établissement, l'ordre auquel il appartient, le nº ou les nºs des suppléments et la page ou apparaît l'établissement.
— *bis* indique un nouvel établissement, *a*, *b*, *c* des corrections ou des additions à une notice déjà présente (avec une exception pour les paroisses du diocèse de Strasbourg, cf. *ad verbum*).

Répert. : *Répertoire des documents nécrologiques français* (1980), t. II, p. 1503-1510.
I : *Supplément*, 1980-1987 (1987).
II : *Deuxième supplément*, 1987-1992 (1992).
III : *Troisième supplément*, 1993-2008 (2008).
IV : *Quatrième supplément*, 2009-2020 (2020).

A

Acy [*Senlis*], prieuré Saint-Nicolas, clunisiens, 1905 = I, 79.

Airvault [*Maillezais*], abbaye Saint-Pierre, chan. rég., 2950 *bis* = Répert., 1509.

Aix-en-Provence, cathédrale Saint-Sauveur, 3151 = IV, 44.

—, frères prêcheurs, 3159 *bis* (1) = Répert., 1510.

—, grands carmes, 3159 *bis* (6) = Répert., 1510.

—, monastère de la Visitation, 3159 *bis* (5) = Répert., 1510.

—, Notre-Dame de l'Annonciade (*servites*), 3159 *bis* (2) = Répert., 1510.

—, prieuré Saint-Jean-de-Malte, 3159 *bis* (2) = Répert., 1510.

—, église Sainte-Marie de la Seds, 3161 = IV, 44.

Albi, chapitre cathédral, 2662, 2665, 2667, 2669 = III, 40.

Allois (Les) [*Limoges*], abbaye Notre-Dame, moniales, 2725 = II, 44 ; – 2813 *bis* = Répert., 1509.

Almenèches [*Sées*], abbaye Notre-Dame, moniales, 497 *ter* = I, 16.

Ambert [*Clermont*], église paroissiale Saint-Jean-Baptiste, 2555 *bis* = I, 100.

Amiens, abbaye Saint-Martin-aux-Jumeaux, chanoines réguliers, 2003 *bis* = II, 39 ; – 2005 *bis* = I, 81.

—, cathédrale Notre-Dame, 1989 a = I, 81 ; – 1992 *bis* = II, 38.

Angers, cathédrale Saint-Maurice, 657, 660 = I, 30.
—, frères mineurs, 664, 667 a-b = I, 30.
Angoulême, église paroissiale Saint-Cybard, 2892 *bis* = I, 115.
Annecy [*Genève-Annecy*], abbaye Sainte-Catherine du Mont de Semnoz, cisterciennes, 2378 *bis* = III, 34.
Apt, cathédrale Notre-Dame et Sainte-Castor, 3162, 3164-3164 b = I, 128 ; – IV, 44.
Argentan [*Sées*], Hôtel-Dieu Saint-Thomas, 498 = I, 16.
Arlanc-le-Bourg [*Clermont*], église paroissiale, 2555 *ter* = I, 101.
Arles, cathédrale Saint-Trophime, 3179 a = I, 132.
Arras, chapitre cathédral, 1793 = III, 28.
Autun, abbaye Saint-Andoche, moniales, 160-161 = IV, 4 ; – 162 a = II, 19 ; – abc. = III, 12.
—, cathédrale Saint-Lazare, 159 a = I, 9.
—, collégiale Notre-Dame-du-Châtel, 175 *bis* = III, 13 ; – 275 *bis* = IV, 4.
Auxerre, abbaye Saint-Pierre, chanoines réguliers, 1047 = I, 41.
—, cathédrale Saint-Étienne, 1041 = I, 41 ; – 1041 a = Répert., 1504.
—, frères prêcheurs, 1043 *bis* = I, 41.
Avignon, Trinitaires de l'hôpital de Bernard Rascas, 3229 = II, 50.
Ayrinhac [*Rodez*], église paroissiale Saint-Julien, 2628 *bis*, 2628 *bis* a = I, 104.

B

Ballée [*Le Mans*], église paroissiale, 636 *bis* = I, 28.
Banize [*Limoges*], communauté des prêtres filleuls, 2822 = IV, 39.
Barbechat [*Nantes*], prieuré de la Madeleine, moines noirs, 719 *bis* = I, 30.
Barbey [*Meaux*], église paroissiale, 1488 *bis* = IV, 19.
Barjols [*Fréjus*], collégiale Sainte-Marie, 3169 *bis* = IV, 44.
Bas-en-Basset [*Le Puy*], église paroissiale Saint-Tyrse, 2861 *bis* = I, 112.
Beauchamp [*Verdun*], prieuré Notre-Dame, chanoines réguliers 1651 a = Répert., 1506.
Beaulieu [*Le Mans*], abbaye Notre-Dame, chanoines réguliers, 624 *bis* = I, 26.
Beaumont-lès-Tours [*Tours*], abbaye Notre-Dame, moniales, 574 a = IV, 8.
Beaumont-sur-Oise [*Beauvais*], prieuré Saint-Léonor, clunisiens, 1929 = I, 80.
Beauport [*Saint-Brieuc*], 789-790. = III, 19.
Beauvais, cathédrale Saint-Pierre, 1923 a = II, 37.
—, abbaye indéterminée du diocèse, 1960 *bis* = I, 80.
Beauzac [*Le Puy*], église paroissiale Saint-Jean, 28621 *ter* = I, 112.
Bec-Hellouin (Le) [*Rouen*], abbaye, moines noirs, 432 a = I, 14, 139.
Bergholtz [*Bâle*], église paroissiale, 2315 *bis* = IV, 36.
Bergues [*Thérouanne*], abbaye Saint-Winoc, moines noirs, 2061 *bis* = I, 82.

Besançon, abbaye Saint-Paul, chanoines réguliers, 2228 a = I, 92.

—, église métropolitaine Saint-Étienne et Saint-Jean, 2188, 2195 = I, 92.

Beuil (Le) [*Limoges*], abbaye Notre-Dame, cisterciens, 2813 *bis* = Répert., 1508.

Beuzac [*Le Puy*], église paroissiale Saint-Jean, 2861 *ter* = I, 112.

Béziers, abbaye Saint-Aphrodise, moines noirs puis chanoines réguliers, 3058 = II, 50 ; – 3059 a = III, 52.

Béziers, cathédrale Saint-Nazaire, 3054 = II, 50.

Bio [*Cahors*], communauté des prêtres obituaires, 2709 *bis* = III, 41.

Blois [*Chartres*], abbaye Saint-Laumer, moines noirs, 917 *bis* = I, 37.

Boesse [*Poitiers*], église paroissiale Saint-Join, 2946 a = I, 116.

Bois-d'Arcy [*Paris*], église paroissiale Saint-Gilles-Saint-Leu, 1389 *bis* = I, 53.

Boiscommun [*Sens*], paroisse Notre-Dame, 882 *bis* = I, 37.

Bordeaux, cathédrale Saint-André, 2862, 2864 = IV, 42.

—, clarisses, 2874 *bis* = I, 114.

Borhneim [*Strasbourg*], église paroissiale Saint-Georges, 2173/1 = IV, 27.

Bourges, cathédrale Saint-Étienne, 2463 = II, 42 ; – 2463 *bis* = I, 98.

—, collégiale de la Sainte-Chapelle, 2484 = III, 35.

Bourgueil [*Tours*], abbaye Saint-Pierre, moines noirs, 575 a = I, 24.

Bouxières-aux-Dames [*Toul*], abbaye Notre-Dame, moniales, 1583 a = Répert., 1505.

Breuschwickersheim [*Strasbourg*], église paroissiale Notre-Dame, 2173/2 = IV, 37.

Briey [*Metz*], église collégiale Saint-Georges, 1565 *bis* = I, 62.

Buret (Le) [*Le Mans*], église paroissiale, 637 *ter* = I, 28.

C

Cahors, frères prêcheurs, 2704 a = 2704 a = III, 40.

Cambrai, cathédrale Notre-Dame, 1836-1837, 1840 a = I, 75 ; – 1851 a = III, 29.

Canet [*Elne-Perpignan*], confrérie paroissiale, 3064 = I, 122.

Capucins de la province d'Aquitaine, 2880 *bis* = I, 114.

Capucins de la province de Toulouse, 3124 *bis* = I, 126.

Carcassonne, cathédrale Saint-Nazaire, 3081 = I, 43.

Caromb [*Carpentras*], paroisse Saint-Maurice, 3215 *bis* = I, 133.

Cassan [*Béziers*], prieuré Notre-Dame, chanoines réguliers, 3060 = II, 51.

Cassel [*Saint-Omer*], doyenné de Chrétienté, 2097 a = I, 84.

Câteau-Cambrésis (Le) [*Cambrai*], église paroissiale Notre-Dame ou Saint-Martin, 1884 *bis* = I, 76.

Chaalis [*Senlis*], abbaye Notre-Dame, 1906 a. = III, 30.

Chalautre-la-Grande [*Meaux*], église paroissiale, 1488 *quater* = IV, 19.

Chalon-sur-Saône, chapitre cathédral, 286 a. = III, 14.

CHÂLONS-EN-CHAMPAGNE, cathédrale Saint-Étienne, 1753 a, 1755 a = I, 72, 140.

—, prieuré saint Joseph, minimes, 1759 *bis* = II, 33.

CHAMBON-SUR-VOUEIZE [*Limoges*], prévôté Sainte-Valérie, moines noirs, 2741 = II, 43.

CHAMIGNY [*Meaux*], église paroissiale, 1488 *quater* = IV, 20.

CHAMPEAUX [*Paris*], collégiale Saint-Martin, 1376 *bis* = III, 23.

CHAPELLE-VENDÔMOISE (LA) [*Chartres*], église paroissiale Notre-Dame, 999 = I, 40.

CHARTRES, abbaye Saint-Jean-en-Vallée, chanoines réguliers, 931 a = I, 38.

CHÂTEAU-DU-LOIR [*Le Mans*], récollets, 615 *bis* = I, 26.

CHÂTEAU-LANDON [*Sens*], abbaye Saint-Séverin, genovéfains, 822 *bis* = IV, 9.

CHÂTEAUNEUF-DE-GADAGNE [*Cavaillon*], église paroissiale[1], 3259 *bis* = III, 57 ; – prieuré Saint-Jean-Baptiste, chanoines réguliers, 3216 *bis* = II, 51.

CHÂTEAUROUX [*Embrun*], abbaye Sainte-Croix, moines noirs, 3280 = I, 136.

CHÂTENET (LE) [*Limoges*], frères prêcheurs, 2813 *bis* = Répert., 1508.

CHAUMES-EN-BRIE [*Sens*], abbaye Saint-Pierre, moines noirs, 823 = I, 36.

CHAVANNES-SUR-SURAN [*Lyon*], collégiale, 112 *bis* = III, 11.

CÎTEAUX [*Chalon-sur-Saône*], abbaye Notre-Same, chef d'ordre, 291 = I, 11.

CLAIRAC [*Agen*], abbaye Saint-Pierre, 2882 *bis-ter* = III, 46-47.

CLAIRVAUX [*Langres*], abbaye Notre-Dame, cisterciens, 220 a = I, 10.

CLAMECY [*Auxerre*], église collégiale Saint-Martin, 1058 = I, 41.

CLERMONT [-FERRAND], abbaye Saint-Allyre, chanoines réguliers de Prémontré, 2539 = II, 42.

CLUNY [*Mâcon*], abbaye chef d'ordre, 299 = II, 22 ; – IV, 5.

COINCY [*Soissons*], prieuré Saint-Pierre-Saint-Paul, clunisiens, 1721 *bis* = I, 70.

COIROUX [*Limoges*], prieuré de moniales cisterciennes, 2742 = III, 42.

COMMUNAUTÉS MONASTIQUES NON IDENTIFIÉES, A, B, C = 1, 6, 139.

COMPIÈGNE [*Soissons*], abbaye Saint-Corneille, moines noirs, 1723 = I, 70.

COMPIÈGNE [*Soissons*], église paroissiale Saint-Antoine, 1751 *bis* = I, 71.

COMTAT VENAISSIN, église indéterminée, 3259 *bis* = I, 133.

CONQUES [*Rodez*], abbaye Saint-Sauveur et Sainte-Foy, moines noirs, 2611 *bis* = I, 103.

CORBIE [*Amiens*], abbaye Saint-Pierre, moines noirs, 2008-2009, 2011 a = I, 81.

CORMERY [*Tours*], abbaye Saint-Paul, moines noirs, 578 *bis* = I, 24.

COURÇAY [*Tours*], église paroissiale Saint-Urbain, 602 *bis* = III, 17.

COUTANCES, chapitre cathédral, 547 *bis* = III, 16.

CRÉPY-EN-VALOIS [*Senlis*], prieuré Saint-Arnoul, clunisiens, 1907 = I, 79.

CYSOING [*Tournai*], abbaye Saint-Calixte, chanoines réguliers, 1887 = I, 77.

1. Placée par erreur dans le diocèse d'Avignon, cf. BEAUNIER-BESSE, *Abbayes et prieurés...*, t. II , Paris, 1909, p. 155.

D

DANGOLSHEIM [*Strasbourg*], église paroissiale Saint-Pancrace, 2173/3 = IV, 27.

DAOULAS [*Cornouailles*], abbaye Notre-Dame, chanoines réguliers, 742, 742 a-b = I, 32.

DIJON [*Langres*], abbaye Saint-Bénigne, clunisiens, 232 a = I, 10 ; – 236 = II, 22 ; – 244 a = Répert., 1503.

—, abbaye Saint-Étienne, chanoines réguliers, 249 = II, 22.

—, église collégiale de la Sainte-Chapelle, 276 = I, 11.

—, frères mineurs cordeliers, 225 = I, 11.

DINAN [*Saint-Malo*], église Saint-Sauveur, 785 = IV, 9.

DOMMARTIN [*Amiens*], abbaye Saint-Josse, chanoines réguliers de Prémontré, 2017 a = Répert., 1507.

DOUAI [*Arras*], abbaye Notre-Dame-des-Prés, moniales cisterciennes, 1807 = I, 74 ; – III, 29 ; – IV, 21.

—, église collégiale Saint-Amé, 1822 a = I, 75.

E

ENTRAYGUES [*Rodez*], église paroissiale Saint-Georges, 2629 *bis* = I, 105.

ERSTEIN [*Strasbourg*], église paroissiale Saint-Martin, 2173/5 a-b = IV, 28.

ÉTAMPES [*Sens*], église paeoissiale Saint-Bazile, 885 *bis* = I, 37.

ÉVRON [*Le Mans*] abbaye Notre-Dame, moines noirs, 617 = I, 27.

F

FÉCAMP [*Rouen*], abbaye de la Trinité, moines noirs, 359 a = IV, 7 ; – 361 a = I, 14.

FÉRICY, église paroissiale (dépendant de Saint-Denis) [*Sens*], 833 *bis* = IV, 10.

FERRIÈRES-EN-GÂTINAIS [*Sens*], abbaye Saint-Pierre-Saint-Paul, moines noirs, 825 a = I, 36.

FLEURY [*Orléans*], abbaye Saint-Benoît, moines noirs 1164-1164 a, 1169 = I, 43.

FLEXANVILLE [*Chartes*], église paroissiale Saint-Germain, 1004 *bis* = I, 40.

FLINES [*Arras*], abbaye Notre-Dame, moniales, 1809 a = I, 74.

FOICY [*Troyes*], prieuré Notre-Dame, fontevristes, 1038 a = I, 43.

FONTAINE-EN-FRANCE [*Périgueux*], prieuré de fontevristes, 2955 = III, 50.

FONTAINE-GUÉRARD [*Rouen*], abbaye Notre-Dame, moniales cisterciennes, 363 = I, 14.

FONTCAUDE [*Saint-Pons*], abbaye Notre-Dame, chanoines réguliers de Prémontré, 3052 *bis* = III, 51.

FONTENELLES (LES) [*Cambrai*], abbaye Notre-Dame, moniales, 1861 *bis* = Répert., 1506.

FONTEVRAULT [*Poitiers*], abbaye chef d'ordre, 2903 a = III, 48.

FORCALQUIER [*Sisteron*], concathédrale Saint-Mary, 3178 = I, 129.

FOS-SUR-MER [*Arles*], abbaye Saint-Gervais, moines noirs, 3195 *bis* = I, 132.

G

GIRONVILLE-SUR-ESSONNE [*Sens*], église paroissiale, 885 *ter* = I, 37.

GLANDIER [*Limoges*], chartreuse Notre-Dame, 2749 = III, 42.

GONDREVILLE [*Toul*], église paroissiale, 1645 *bis* = Répert., 1505.

GOURDON [*Cahors*], prêtres obituaires, 2709 *ter* = III, 41.

GRANDE CHARTREUSE (LA) [Grenoble], abbaye chef d'ordre, 2412 = IV, 37.

GRANDMONT [Limoges], prieuré puis abbaye chef d'ordre, 2751 = III, 42 ; – 2813 *bis* = Répert., 1508.

GUÉ-DE-MAUNY (LE) [*Le Mans*], chapelle royale, 635 = I, 28.

H

HAGUENAU [*Strasbourg*], église paroissiale Saint-Georges, 2176 = II, 39 ; – IV, 28.

HANCHES [*Chartres*], église paroissiale, 1007 *bis* = I, 139.

HAUTVILLERS [*Reims*], abbaye Saint-Pierre, moines noirs, 1687 a = I, 68.

HEILIGENSTEIN [*Strasbourg*], église paroissiale Saint-Jean-Baptiste, 2177/1 = IV, 28.

HEILLY [*Amiens*], prieuré Saint-Laurent, 2019 = I, 82.

HILSENHEIM [*Strasbourg*], église paroissiale Saint-Martin, 2177/2 = IV, 28.

HINDISHEIM [*Strasbourg*], église paroissiale Saint-Pierre, 2177/3 = IV, 28.

HONAU [*Strasbourg*], église paroissiale Saint-Michel, 2177/4 = IV, 29.

J

JARD (LE) [*Sens*], abbaye Saint-Jean-Baptiste, chanoines réguliers, 827 *nota* = Répert., 1504.

JETTERSWILLER [*Strasbourg*], église paroissiale Saint-Pancrace, 2177/5 = IV, 29.

JOSAPHAT [*Chartres*], abbaye Notre-Dame, moines noirs, 959 a-b = I, 38.

K

KERTZFEL [*Strasbourg*], église paroissiale Saint-Artbogast, 2177/6 = IV, 29.

KŒNIGSBRUCK [*Strasbourg*], abbaye de moniales cisterciennes, 2134 *bis* = III, 33.

L

LANCE (LA) [*Lausanne*], chartreuse, 2334 = I, 94.

LANDÉVENNEC [*Cornouailles*], abbaye Saint-Guénolé, moines noirs, 743 = I, 32.

LAON, cathédrale Notre-Dame, 2104 a-b = I, 84.

—, hôtel-Dieu, 2109 *bis* = I, 86.

LAUSANNE, cathédrale Notre-Dame, 2332 = I, 94.

LAUTERBOURG [*Spire*], église paroissiale de la Sainte-Trinité, 2187/1 = IV, 35.

LAVAL [*Le Mans*], église paroissiale Saint-Vénérand, 637 *bis* = I, 28.

LÉRÉ [*Bourges*], église collégiale Saint-Martin, 2496 *bis* = IV, 37.

LILLE [*Tournai*], église collégiale Saint-Pierre, 1899 a = I, 78.

—, hôpital Saint-Julien, 1890 = IV, 22.

LIMOGES, abbaye Notre-Dame de la Règle, moniales, 2760 a-b = I, 108 ; – 2813 *bis* = Répert., 1508.

—, abbaye Saint-Augustin, moines noirs, 2813 *bis*, = Répert., 1509.

—, abbaye Saint-Martial, clunisiens, 2764, 2766 = I, 109 ; – 2764-2790 a = II, 45.

—, chapitre cathédral Saint-Étienne, 2711-2721 = IV, 38.

—, communautés modernes [Carmes déchaux, Grands Carmes, Carmélites, Feuillants, Frères mineurs, Frères prêcheurs, Oratoriens, Séminaire des Ordinands, Récollets de Saint-François, Récollets de Sainte-Valérie, Sœurs de Saint-Alexis, Religieuses de Sainte-Claire, monastère Saint-Joseph de la Providence, Sœurs de la Croix, Ursulines], 2813 *bis* = Répert., 1508-1509.

—, cordeliers, 2757 *bis* = I, 108 – 2757 *bis* a = II, 45 ; – III, 43 ; – IV, 39.

LINAS [*Paris*], église paroissiale 1394 *bis* = I, 54.

LISIEUX, cathédrale Saint-Pierre, 523 a-b-c = Répert., 1503-1504 ; – 526 a = I, 19.

LOCHÉ-SUR-INDROIS [*Tours*], église paroissiale = I, 25.

LONGPONT-LES-MONTLÉRY [*Paris*], prieuré Notre-Dame, clunisiens, 1242 = I, 48.

LONGUEVILLE-SUR-SCIE [*Rouen*], prieuré Sainte-Foy, clunisiens, 369 = III, 15.

LOOS [*Tournai*], abbaye Notre-Dame, cisterciens, 1891 a = II, 35 ; – 1892 a-b = I, 77.

LOUVRES [*Paris*], église paroissiale Saint-Justin, 1394 *ter* = I, 54.

LYON, chapitre cathédral, 5 a = IV, 3.

LYRE [*Évreux*], abbaye, moines noirs, 487, 489 = I, 15.

M

MAENNOSLHEIM [*Strasbourg*], église paroissiale Saint-Vit, 2177/7 = IV, 29.

MANHEULLES [*Verdun*], église paroissiale, 1673 *bis* = I, 65.

MARBACH-SCHWARZENTHANN [*Bâle*], abbaye Saint-Augustin, moines noirs, 2792 = I, 93 ; – II, 40.

MARCHEROUX [*Rouen*], abbaye Saint-Nicolas, chanoines réguliers de Prémontré, 371 = I, 14, – 372 a = III, 15.

MARCHIENNES [*Arras*], abbaye Sainte-Rictrude et Saint-Pierre, moines noirs, 1812-1813 = III, 29.

MARCIGNY [*Autun*], prieuré de la Trinité, clunisiennes, 170 = I, 9.

MARCOUSSIS [*Paris*], prieuré de la Trinité, célestins, 1243 *bis* = I, 48 ; – III, 19.

—, prieuré Sainte-Madeleine, moines noirs, 1243 *ter* = III, 19.

MARMOUTIER [*Strasbourg*], abbaye Saint-Pierre et Saint-Paul, moines noirs, 2135 = IV, 24.

— église paroissiale Saint-Étienne, 2177/8 = IV, 29.

MARSEILLE, abbaye Saint-Victor, moines noirs, 3263 a = I, 134.

—, cathédrale Notre-Dame-de-la-Major 3261 = I, 134.

MAYRAN [*Rodez*], communauté des prêtres, 2636 *bis*, = Répert., 1507.

MEAUX, grand hôtel-Dieu, 1484 = IV, 17.

—, hôpital Jean Rose, 2483 a = IV, 27.

MELUN [*Sens*], hôpital Saint-Nicolas, 834 *bis* = IV, 10.

MENDE, cathédrale Notre-Dame, 2840 a = I, 111; – III, 43 ; – 2840 b = IV, 40.

METZ, abbaye Sainte-Madeleine, chanoinesses régulières, 1548 a = Répert., 1505.

—, abbaye Sainte-Marie-aux-Nonnains, moniales, 1549 = I, 62.

—, abbaye Saint-Pierre, moniales, 1550 = III, 26.

—, abbaye Saint-Vincent, 1554 a = I, 62.

— cathédrale Saint-Étienne, 1503 = I, 62.

MEYMAC [*Limoges*], abbaye Saint-André, moines noirs, 2782 = II, 46.

MILLAU [*Rodez*], prieuré Notre-Dame de l'Espinasse, moines noirs, 2613 = I, 103.

MOISSAC [*Cahors*], abbaye Saint-Pierre et Saint-Paul, moines noirs, 2705, 2706 a-b = I, 107 ; – II, 43.

MOLSHEIM [*Strasbourg*], église paroissiale Saint-Georges, 2177/9 a-d = IV, 30.

MONASTÈRE-CABRESPINES (LE), [*Rodez*], église paroissiale, 2629 *ter* = I, 105.

MONTFORT-SUR-MEU [*Saint-Malo*], abbaye Saint-Jacques, chanoines réguliers, 777 = I, 33.

—, frairie blanche dans l'église Saint-Jean 786 *bis* = I, 33.

MONTGUYON [*Le Mans*], prieuré, grandmontains, 629 = I, 28.

MONTIER-EN-DER [*Châlons-en-Champagne*], abbaye Saint-Pierre-Saint-Paul, moines noirs, 1769 = I, 72 ; – II, 34.

MONTPELLIER, chapitre cathédral, 3065 a = III, 51.

MONTPEZAT [*Cahors*], église collégiale Saint-Martin, 2709 a = II, 43.

MONTRÉAL [*Carcassonne*], église collégiale Saint-Vincent, 3087 *bis* = I, 123.

MONTREUIL-LE-HENRI [*Le Mans*], église paroissiale, 638 = I, 29.

MOUSSOULENS [*Carcassonne*], église paroissiale Saint-Martin, 3088 *bis* = III, 54.

MOUSSY-LE-VIEUX [*Meaux*], église paroissiale, 1490 = I, 60.

MOÛTIERS-TARENTAISE, chapitre cathédral, 2337 = III, 33.

—, prieuré Saint-Michel, 2337 = III, 34.

MUTZIG [*Strasbourg*], église paroissiale Saint-Maurice, 2177/10 = IV, 30.

N

NANCY [*Toul*], cordeliers, 1601 = II, 30.

NARBONNE, cathédrale Saint-Just et Saint-Pasteur, 3043 = IV, 43.

NESLE [*Noyon*], église collégiale Notre-Dame, 1786 *bis* = I, 73.

NICE, cathédrale Notre-Dame, chapelle Saint-Barthélemy, 3287 = II, 52.

NIEDERLAUTERBACH [*Spire*], église paroissiale Sainte-Marguerite, 2187/3 = IV, 35.

NIEDERMÜNSTER [*Strasbourg*] abbaye Sainte-Marie, chanoinesses régulières, 2138 *bis* = IV, 24.

NOGENT-L'ARTAUD [*Soissons*], abbaye Saint-Louis, clarisses, 1733 *bis* = I, 71.

NOYON, abbaye Saint-Barthélemy, chanoines réguliers, 1786 a = I, 73.
—, abbaye Saint-Éloi, moines noirs, 1785 a = I, 72.
NYOISEAU [*Angers*], abbaye Notre-Dame, chanoinesses régulière, 696 a = I, 30.

O

OBAZINE [*Limoges*], abbaye Notre-Dame, cisterciens, 2793 = III, 43.
OBERNAI [*Strasbourg*], église paroissiale Saint-Pierre et Saint-Paul, 2178-2178 a = IV, 31.
ONNAING [*Cambrai*], église paroissiale, 1886 *bis* = I, 76.

P

PARC-AUX DAMES (LE) [*Senlis*], abbaye, moniales cisterciennes, 1907 *bis* = I, 80.
PARIS, abbaye Sainte-Geneviève, chanoines réguliers, 1285 = II, 26.
—, abbaye Saint-Germain-des-Prés, moines noirs, 1290, 1293, 1294, 1295 = I, 50.
—, abbaye Saint-Magloire, moines noirs, 1307 a = I, 50.
—, abbaye Saint-Victor, chanoines réguliers 1316-1317 = IV, 16 ; – 1318 a-b, 1321 a-b = I, 51.
—, cathédrale Notre-Dame, 1194 = I, 44 ; – 1198 = III, 19 ; – 1198 a, 1207 a = IV, 11 ; – 1212 a, 1215 a-c = I, 44.
—, cathédrale Notre-Dame, marguilliers laïcs, 1217 a-e = I, 46.
—, célestins, 1250 a = IV, 12.
—, collège de Sorbonne, 1363 a = I, 52.
—, collège des Cholets, 1370 = I, 52.
—, église collégiale Saint-Honoré, 1387, 1387 a = I, 53.
—, église paroissiale indéterminée, 1455 *bis* = I, 58.
—, église paroissiale Saint-Germain-le-Vieux, 1413 a = I, 55 ; – II, 30.
—, église paroissiale Saint-Jacques-de-la-Boucherie, 1423 = I, 55.
—, église paroissiale Saint-Séverin, 1445 = III, 24.
—, église paroissiale Saint-Sulpice, 1448 a = I, 55.
—, église paroissiale Sainte-Geneviève-des-Ardents, 1412 *bis* = I, 55.
—, église paroissiale Sainte-Madeleine de la Cité, 2432 a = IV, 16.
—, faculté de théologie, 1364 *bis* = III, 22.
—, frères prêcheurs de la rue Saint-Jacques, 1274 *bis* = IV, 13.
—, hôpital des Quinze-Vingts, 1322 *bis-ter* = III, 20 ; – 1322 *bis* = IV, 16.
—, prieuré Saint-Martin-des-Champs, clunisiens, 1308, 1310 = I, 50.
—, prieuré Sainte-Catherine-de-la-Couture, chanoines réguliers, 1283 a = I, 49.
—, religieux de Picpus, 1279 *bis* = I, 49.
PERPIGNAN [*Elne-Perpignan*], église collégiale Saint-Jean, 3063 a = I, 122.
PERRINE (LA) [*Coutances*], prieuré Sainte-Catherine, trinitaires, 550 = I, 19.

PLAIMPIED [*Bourges*], abbaye, channoines réguiers, 2482 *bis* = I, 98.
POISSY [*Chartres*], prieuré Saint-Louis, dominicaines, 968 a-b = I, 38.
POITIERS, abbaye Saint-Cyprien, moines noirs, 2924 a = I, 116.
—, abbaye Saint-Jean-de-Montierneuf, clunisiens, 2922 = I, 116 ; – II, 48.
POLIGNAC [*Le Puy*], chapelle Saint-Andéol, au château, 2861 *quater* = II, 48.
PONT-LA-VILLE [*Langres*], église paroissiale, 284 *bis* = III, 14.
PONTAUT [*Paris*], église paroissiale Saint-Denis, 1455 *bis* = IV, 17.
POUSSAY [*Toul*], abbaye Notre-Dame, chanoinesses régulières, 1615 *bis* = Répert., 1505 ; – I, 63.
PRÉE (LA) [*Bourges*], abbaye Notre-Dame, cisterciens, 2482 *ter* = I, 99.
PUIMOISSON [*Riez*], église paroissiale, 3166 = I, 129.
PUY (LE), église collégiale Saint-Vosy, 2860 a = I, 111 ; – II 47 ; – IV, 4.
—, église Saint-Laurent, frères prêcheurs, 2856 *bis* = IV, 41.
—, frères mineurs, 2855 = IV, 40.

R

REIMS, abbaye Saint-Denis, chanoines réguliers, 1692 a-b, 1693 a-b = I, 68 ; – II, 33.
—, abbaye Saint-Pierre, moniales, 1698 a = Répert., 1506.
—, abbaye Saint-Remi, moines noirs, 1699 a = III, 26 ; – 1700 a = II, 33.
—, cathédrale Notre-Dame, 1677 a = I, 68 ; – 1682 a = II, 32.
—, église indéterminée du diocèse, 1712 *bis* = I, 69.
REMIREMONT [*Toul*], abbaye Saint-Pierre, moniales, 1618, 1618 *bis*, 1623 a = I, 63.
RENNES, chapitre cathédral, 639, 639 a = III, 18.
—, frères mineurs, 644 = I, 29.
RODEZ, cathédrale Notre-Dame, 2595, 2595 a-c, 2607 a = I, 101 ; – III, 39.
—, frères mineurs, 2614 a = I, 103 ; – III, 39.
ROMONT [*Lausanne*], abbaye de la Fille-Dieu, 2235 = I, 94.
RONCEVAUX [*Pampelune*], église collégiale Notre-Dame, 3294 = I, 136.
ROUEN, cathédrale Notre-Dame, 321 = II, 23, 32 ; – 341 *bis* = III, 15.
—, prieuré et hôpital de la Madeleine, chanoines réguliers, 381 = II, 23.

S

SAINT-AMAND-LES-EAUX [*Tournai*], abbaye Saint-Pierre, moines noirs, 1893 a, 1994, 1894 a-b = I, 77.
SAINT-ANGEL [*Limoges*], prieuré Saint-Michel, moines noirs, 2794 = I, 110 ; – II, 46.
SAINT-ARNOULT [*Senlis*], prieuré clunisien, 1907 = I, 79.
SAINT-CLAUDE [*Lyon*], abbaye, moines nois, 68 = I, 8.
SAINT-DENIS-EN-FRANCE [*Paris*], abbaye Saint-Denis, moines noirs, 1327, 1346 = I, 52 ; – 1347 *bis* = III, 22.

Saint-Émilion [*Bordeaux*], abbaye, chanoines réguliers, , 2875-2875 a = III, 43 ; – 2875 = IV, 42.

Saint-Évroul [*Lisieux*], abbaye, moines noirs, 538 = IV, 8.

Saint-Gilles-du-Gard [*Nîmes*], abbaye, clunisiens, 3071 = II, 51.

Saint-Guilhem-le-Désert [*Lodève*], abbaye Notre-Dame-Saint-Pierre-Saint-Paul, moines noirs, 3077-3080, 3077 *bis* = III, 53.

Saint-Héand [*Lyon*], église paroissiale, 2151 *bis* = I, 8.

Saint-Jacut [*Dol*], abbaye, moines noirs, 771 = I, 33.

Saint-Jean-au-Bois [*Soissons*], abbaye Notre-Dame, 1735 = I, 71.

Saint-Léonard-de-Noblat [*Limoges*], filles de Notre-Dame, 2813 *bis* = Répert., 1508.

Saint-Léons [*Rodez*], prieuré, moines noirs, 2624 *bis* = I, 103.

Saint-Loup-du-Dorat [*Le Mans*], église paroissiale = I, 29.

Saint-Marcel-d'Urfé [*Lyon*], 151 *bis* = IV, 3.

Saint-Maur-sur-Loire / de Glanfeuil [*Angers*], abbaye, moines noirs, 698 *bis* = II, 24.

Saint-Maurice d'Agaune [*Sion*], abbaye Saint-Maurice, chanoines réguliers, 2341 *bis* = IV, 36.

Saint-Memmie [*Châlons-en-Champagne*], abbaye, chanoines réguliers, 1771 = I, 72.

Saint-Michel-sur-Orge [*Paris*], église paroissiale, 1458 *bis-bis* a. = I, 58 ; – III, 24.

Saint-Mihiel [*Verdun*], abbaye Saint-Michel, moines noirs, 1652-1653 = I, 65

Saint-Mont (Le) [*Toul*], prieuré, chanoines réguliers, 1626 = I, 64 ; – III, 26.

Saint-Omer [*Thérouanne*], abbaye Saint-Bertin, moines noirs, 2075 *bis* a-b = I, 83.

—, église collégiale Notre-Dame, 2081 a-b = III, 31-32.

Saint-Ouen-en-Brie [*Sens*], église paroissiale, 894 *bis* = II, 25.

Saint-Pardoux-la-Rivière [*Périgueux*], dominicaines, 2957 *bis-bis* a = I, 117 ; – IV, 43.

Saint-Pierre-Bois [*Strasbourg*], église paroissiale Saint-Gilles, 2179/1 = IV, 31.

Saint-Pons-de-Thomières, abbaye, moines noirs puis chapitre cathédral, 3052 = II, 49 ; – III, 51.

Saint-Quentin [*Noyon*], église collégiale Saint-Quentin, 1788 a = I, 74.

Saint-Riquier [*Amiens*], abbaye, moines noirs, 2028 a = IV, 22.

Saint-Saulve [*Cambrai*], prieuré Saint-Pierre-Saint-Paul, clunisiens, 1865 = I, 75.

Saint-Sauveur-le-Vicomte [*Coutances*], abbaye Saint-Sauveur, moines noirs, 566 a-b = I, 20.

Saint-Sever [*Auch*], abbaye, moines noirs, 3011 = I, 120.

Saintes, abbaye Notre-Dame, moniales, 2894 = III, 48.

—, cathédrale Saint-Pierre, 2892 *ter* = I, 115.

Salers [*Saint-Flour*], communauté de prêtres, 2594 *bis* = III, 36.

Saulx-les-Chartreux [*Paris*], église paroissiale,1459 *bis* = I, 60.

Sauve Majeure (La) [*Bordeaux*], abbaye Notre-Dame, moines noirs, 2876-2877 = I, 114 ; – III, 45.

Sauxillanges [*Clermont*], prieuré Saint-Pierre et Saint-Paul, clunisiens, 2544 a = III, 35.

Sceaux [*Paris*], église paroissiale, 1459 *bis-bis* a = III, 25.

SCHILTIGHEIM [*Strasbourg*], église paroissiale Sainte-Hélène, 2179/2 a-b = IV, 31.
SCHNERSHEIM [*Strasbourg*], église paroissiale Saint-Étienne, 2179/3 a-b = IV, 32.
SÉES, abbaye Saint-Martin, moines noirs, 505 *bis* = I, 18.
—, cathédrale, 497 *bis* = I, 16.
SÉLESTAT [*Strasbourg*], commanderie des Hospitaliers de Saint-Jean de Jérusalem, 2143 = IV, 24.
SENEZ, chapitre cathédral Sainte-Marie, 3285 *bis* = IV, 46.
SENLIS, cathédrale Notre-Dame, 1901 a = I, 79.
—, église collégiale Saint-Frambourg, 1913 a = I, 80.
SENS, abbaye Saint-Pierre-le-Vif, moines noirs, 863 = I, 37.
—, cathédrale Saint-Etienne, 809, 810, 814 = I, 36 ; – II, 24 ; – 815 a = IV, 9.
SILLY-EN-GOUFFERN [*Sées*], abbaye Notre-Dame, chanoines réguliers de Prémontré, 606 = I, 18.
SIXT [*Genève*], abbaye Notre-Dame, chanoines réguliers, 2385 = III, 34.
SOISSONS, cathédrale Notre-Dame, 1713 a = III, 27 ; – IV, 21 ; – 1714 a = I, 70.
SOLIGNAC [*Limoges*] abbaye Saint-Pierre, moines noirs, 2979-2810 = I, 110 – 2800 a, 2809 a = Répert., 1508.
SOULZ-LES-BAINS [*Strasbourg*], église paroissiale Saint-Maurice, 2182, 2182 a-e = IV, 32.
SOUTERRAINE (LA) [*Limoges*], communauté des prêtres, 2830 *bis* = I, 110 ; – IV, 40.
SOUVIGNY [*Clermont*], prieuré Saint-Pierre, clunisiens, 2456 a-c = I, 99.
STRASBOURG, béguinage de Burga Metzer, 2145 *bis* = IV, 25.
—, béguinage Gürtlers Gotzhus, 2145-2145 a = IV, 25.
—, chapitre cathédral, 2124 = III, 33 ; – (Œuvre), 2126 = IV, 23 ; – 2128 b-c = IV, 23.
—, couvent des pénitentes de Sainte-Madeleine, 2154 = IV, 25.
—, église collégiale (abbaye) Saint-Étienne, 2164 *bis* = IV, 26.
—, église collégiale Saint-Pierre-le-Jeune, 2165 = I, 90.
—, église collégiale Saint-Thomas, 2166 a-b, 2172 b = IV, 26.
—, église paroissiale Saint-Nicolas, 2183/1 = IV, 34.
—, oratoire de la Toussaint, 2157 *bis* = IV, 26.
STURZELBRONN [*Metz*], abbaye cisterciens, 1563 *bis* = II, 30.

T

TERNES (LES) [*Limoges*], prieuré Notre-Dame, célestins, 2811 = III, 43 ; – IV, 39.
TORSAC [*Angoulême*], prieuré Saint-Pierre, moines noirs, 2892 = I, 114.
TOUL, abbaye Saint-Mansuy, moines noirs, 1632-1634 = II, 31.
—, cathédrale Saint-Étienne, 1757 = I, 63.
TOULOUSE, chapitre cathédral, 3089 = III, 55.
—, frères prêcheurs, 3116 a = I, 126.
TOUR-EN-BESSIN [*Bayeux*], église paroissiale Saint-Pierre, 435 *bis* = I, 15.

Tours, cathédrale Saint-Gatien, 571 a = I, 24.
—, église collégiale Saint-Martin, 598 a = I, 25.
Troyes, cathédrale Saint-Pierre, 1076 = I, 42.
—, église collégiale Saint-Étienne, 1121 a, 1125 a = I, 43.

V

Vaiges [*Le Mans*], église paroissiale, 638 *ter* = I, 29.
Val-des-Choix (Le) [*Langres*], grand prieuré chef d'ordre, 268, 268 a = Répert., 1503 ; – I, 10.
Valence, abbaye Saint-Ruf, chanoines réguliers, 2452 = II, 41.
Valognes [*Coutances*], frères mineurs, 565 *bis*, 565 *bis* a = I, 19.
Varangéville [*Toul*], prieuré Saint-Gorgon, moines noirs, 1637 = II, 31.
Vaucelles [*Cambrai*], abbaye Notre-Dame, cisterciens, 1868 a = IV, 21.
Vauclair [*Laon*], abbaye Notre-Dame, cisterciens, 2116 a-d = I, 86.
Védrines-Saint-Loup [*Saint-Flour*], 2594 *ter* = III, 37.
Vendôme [*Chartres*], abbaye de la Trinité, 981 a = I, 40.
Verdun-sur-Meuse, abbaye Saint-Airy, moines noirs, 1656-1257 = II, 31.
Vic-le-Comte [*Clermont*], Sainte-Chapelle, 2255 *bis* = Répert., 1507.
Vichy [*Clermont*], célestins, 2547 *bis* = I, 100.
Vienne, abbaye Saint-Pierre, moines noirs, 2369 = I, 96.
—, cathédrale Saint-Maurice, 2359-2359 a = I, 96.
Villars-les-Moines [*Lausanne*], prieuré, clunisiens, 2336 [*voir* Marcigny] = I, 94.
Villeloin [*Tours*], abbaye Saint-Sauveur, moines noirs, 594 a = III, 18.
Villeneuve-aux-Aulnes [*Paris*], trinitaires de l'Honneur-Dieu, 1359 = II, 26.
Villeneuve-Le-Comte [*Meaux*], église paroissiale Notre-Dame, 1491 *bis* = IV, 20.
Villeneuve-Lès-Avignon [*Avignon*], chartreuse du Val-de-Bénédiction, 3242 a = IV, 45 ; – 3234 a = III, 55.
—, collégiale Notre-Dame, 3259 = III, 56.
Vimenet [*Rodez*], église paroissiale Saint-Julien, 2640 *bis* = I, 105.
Vincennes [*Paris*], prieuré Notre-Dame, grandmontains, 1359 *bis* = II, 27.
Viviers, cathédrale Saint-Vincent, 2453 = II, 41.

W

Wantzenau (la), [*Strasbourg*], église paroissiale Notre-Dame, 2184/1 = IV, 34.
Wasselonne [*Strasbourg*], église paroissiale Saint-Laurent, 2185 a = IV, 34.
Westhoffen [*Strasbourg*], église paroissiale Saint-Ehrard, 2185/1 = IV, 34.
Westhouse [*Strasbourg*], église paroissiale Saint-Matthieu, 2185/2 = IV, 34.
Wissembourg [*Spire*], abbaye Saint-Pierre-Saint-Paul, moines noirs, 2186 = I, 90 ; – II, 40.
—, église paroissiale Saint-Michel, 2187/4 = IV, 35.

INDEX DES MANUSCRITS

Les numéros des notices sont en gras. « n. c.» signifie non coté, et † indique un manuscrit détruit. Les renvois aux quatre suppléments sont les mêmes que ceux de la table cumulative des établissements.

A

AIX-EN-PROVENCE, *arch. comm.*, GG 85-96, **3159** ***bis*** = Répert., 1509.

—, *bibl. Méjanes,* Rés. 37 b (14), **3151** = IV, 43.

ALBI, *arch. dép. du Tarn*, 11 J 8, **2669** = III, 39.

—, *bibl. mun.*, 5 (109), **2662** = III, 39.

—, 7 (102), **2665** = III, 39.

—, 8 (111), **2667** = III, 39.

ALENÇON, *arch. dép. de l'Orne*, H 1069, **506** = I, 18.

AMBERT, *arch. comm.*, GG, n. c., **2555** ***bis*** = I, 100.

ANGERS, *arch. comm.*, GG 311, **667 b** = I 30.

—, *bibl. de l'université catholique de l'Ouest*, V 4-4, **667 a** = I, 30.

—, *bibl. mun.*, 860 (772), **698** ***bis*** = II, 24.

ANGOULÊME, *arch. dép. de la Charente*, J 52, pièce 66, **2892** ***bis*** = I, 115.

APT, *trésor de la cathédrale*, 10, **3164 b** = I, 128.

—, 33, **3162** = I, 128.

ARRAS, *bibl. mun.*, 740, **1795** = III, 28.

AURILLAC, *arch. dép. du Cantal*, 1 J 503, **2594** ***ter*** = III, 37.

AUTUN, *bibl. de la Société éduenne*, M. 43, **160 b** = III, 13 ; – **286 a** = III, 14.

—, *bibl. mun.*,144 (120), **159 a** = I, 9.

—, P. 88, **162 a** = III, 13 ; – IV, 4.

—, P. 120, **160 a** = III, 12.

AUXERRE, *arch. dép. de l'Yonne*, G 1843, **1041** = I, 41.

—, *bibl. mun.*, 169, 1047 = I, 42.

AVIGNON, *bibliothèque Ceccano*, 143, **3215** ***bis*** = I, 133.

—, 2592, **3229** = II, 50.

B

BAR-LE-DUC, *arch. dép. de la Meuse*, 4 H 12 (1-2), **1652-1653** = I, 65.

—, J 2306-2308, **1673** ***bis*** = I , 65.

BERLIN, *Deutsche Staatsbibl.*, Phillipps 1655, **1554 a** = I, 62.

—, Phillipps 1757, **1692 b** = I, 68 ; – **232 a** = I, 10.

BESANÇON, *bibl. mun.*, 767, **68** = I, 8.

BLOIS, *arch. dép. du Loir-et-Cher*, G 1283 [1288], **999** = I, 45.

BORDEAUX, *arch. dép. de la Gironde*, G 315, **2864** = IV, 42.

—, G 902, **2875** = III, 44.

—, H Annonciades, liasse 76, **2874** ***bis*** = I, 114.

—, 4 J 73, **2862** = IV, 42.

—, *bibl. mun.*, 769 (t. I), **2876** = III, 45.

BOURGES, *arch. dép. du Cher*, 8 G 1459 *bis*, **2484** = III, 35.

—, *coll. part.*, **2463 a** = I, 98.

—, **2484**, *voir* Bourges, arch. dép. du Cher, 8 G 1459 *bis* = III, 35.

BRUGES, *Rijksarchief*, coll. *Cumulus ecclesisasticus* n° 1191, inv. 168, **1713 a** = III, 27 ; – IV, 21.

C

CAEN, *arch. dép. du Calvados*, F, n. c., **526 a** = I, 19.

—, varia et nouv. acq. 2330, **523 c** = Répert., 1504.

CAHORS, *arch. dép. du Lot*, J 26, **2679** ***ter*** = III, 41.

—, J 66, **2709** ***bis*** = III, 41.

—, J 85, **2704 a** = III, 40.

CAMBRAI, *bibl. mun.*, 183 (178), **1840 a** = I, 75.

—, 228 (218), **1865** = I, 75.

CAMBRAI, *bibl. mun.*, 229 (219), **1836** = I, 75.

—, 1161 (1039), **1837** = I, 75.

CARCASSONNE, *bibl. diocésaine Notre-Dame de l'abbaye*, n. c., **3088 *bis*** = III, 54.

CARPENTRAS, *bibl. Inguimbertine*, 72, **3285 *bis*** = IV, 46.

—, 1655, **3164 *bis*** = I, 128.

—, 1782, **1632** = II, 31.

CHAMARANDE, *arch. dép. de l'Essonne*, 1 J 193, 1 J 203, **1458 *bis*** et ***bis*** a = III, 24.

—, 1 J 74 (1), **1459** *bis* = I, 60.

CHANTILLY, *musée Condé*, archives, 207 C 5, **1651 a** = Répert., 1506.

—, H, carton 27, **1394 *ter*** = I, 54.

CHARTRES, *bibl. mun.*, NA 302, **1007 *bis*** = I, 139.

CHAUDRON-EN-MAUGE, *château du Plessis-Villoutrey*, coll. part., **644** = I, 29 ; – **660** = I, 30.

CHAUMONT, *bibl. mun.*, 39, **1769** = I, 72 ; – II, 34.

CLERMONT-FERRAND, *arch. dép. du Puy-de-Dôme*, 10 H 7, **2544 a** = III, 35.

—, *bibl. mun.*, 73 (66), **2555 *ter*** = I, 101. – 652 (A 98 a), **2594 *bis*** = III, 36.

COLL. PART., **151 *bis*** = IV, 3.

—, **815 a** = IV, 9.

—, **1041 a** = Répert., 1504.

—, **1757** = I, 62.

COLMAR, *bibl. mun.*, 714 (965), **2143** = IV, 24.

COMPIÈGNE, *arch. comm.*, GG 17, **1751 *bis*** = I, 71.

COPENHAGUE, *Det Kongelige Bibl.*, Thott 134 Fol., **3164** = IV, 44.

D

DAMMARIE-LES-LYS, *arch. dép. de Seine et Marne*, 25 E DT 1, **1455 *bis*** = IV, 17.

—, 62 E DT 1, **1488 *bis* a** = IV, 19.

—, 62 E DT 2, **1488 *bis*** = IV, 19.

—, 236 G 3, **883 *bis*** = IV, 10.

—, G 446, **1488 *quater*** = IV, 20.

—, H 3 (H 60), **822 *bis*** = IV, 9.

—, 369 H 5, **834 *bis*** = IV, 10.

—, 703 H 2, **1483 a** = IV, 17.

—, 59 J 1, **1488 *ter*** = IV, 19.

—, J 169.1, **1376 *bis*** = III, 23.

DÉPÔT ACTUEL INCONNU, **284 *bis*** = III, 14.

—, **341 *bis*** = III, 15.

—, **657** = I, 30.

—, **1004 *bis*** = I, 41.

—, **1043 *bis*** = I, 41.

—, **1279 *bis*** = I, 49

—, **1413 a** = I, 55.

—, **1413 a** = II, 30.

—, **1491 *bis*** = IV, 20.

—, **1733 *bis*** = I,71.

—, **1923 a** = II, 37.

—, **2595 d** = IV, 38.

—, **2757 *bis***, *voir* LIMOGES, *bibl. francophone multimédia*, 295 = I, 108.

—, **2861 *bis-ter*** = I, 112.

—, **3287** = II, 52.

DIJON, *arch. dép. de la Côte-d'Or*, G 167, **249** = II, 22.

—, *bibl. mun.*, 448 (269), **244 a** = Répert., 1503.

—, 628 (375), **276** = I, 11.

—, 634, **236** = II, 22.

DONAUESCHINGEN, *Fürstliche Furstenbergische Hofbibl.*, 512, **2124**, *voir* STUTTGART = III, 33.

DINAN, bibl. mun., 50-60, **785** = IV, 9.

DOUAI, *bibl. mun.*, 538, **1809 a** = I, 74.

—, 889-890, **1812-1813** = III, 29.

DUNKERQUE, *arch. comm.*, P 176, **2097 a** = I, 84.

E

ÉTAMPES, *arch. du presbytère de l'église Saint-Basile*, **885 *bis*** = I, 37.

F

FALAISE, *bibl. mun.*, 19 †, **497 *ter*** = I, 16.

FERTÉ-MACÉ (LA), *bibl. mun.*, coll. de Contades, n.c., **498** = I, 16.

FRIBOURG-EN-BRISGAU, *Erzbischöfliches Archiv*, Ha 570, **2314 *bis*** = IV, 36.

G

GENÈVE, *bibl. publique et universitaire*, 157, **2385** = III, 35.

—, lat. 28, **2337** = III, 33.

Grande Chartreuse (La), *arch. du monastère*, 1 cart. 22, **3242 a** = III, 55.

—, 2 Cal. 2, **2412** = IV, 37.

—, 6 Glan 1, **2749** = III, 42.

Guéret, *arch. dép. de la Creuse*, 25 G 3, **2822** = IV, 40 ;

—, n. c., **2830 *bis*** = I ; 110 ; – IV, 40.

H

Haguenau, *arch. comm.*, GG 220/2, **2176** = II, 39.

Haye (La), *Rijksmuseum Meermanno-Westreenianum*, 10 D 29, **2028 a** = IV, 22.

K

Karlsruhe, *Generallandesarchiv Karlsruhe*, GLA, Abt. 64/71, **2173/2** = IV, 27.

L

Landevennc, *arch. de l'abbaye*, 78-556, **742 b** = I, 32.

Laon, *arch. hosp.* [déposées aux arch. dép. de l'Aisne], C1, **2109 *bis*** = I, 86.

—, *bibl. mun.*, 120, **2104 a** = I, 84.

—, 227, **2116 a** = I, 86.

—, 228, **2116 b** = I, 86.

—, 229, **2116 c** = I, 86.

—, 230, **2116 d** = I, 87.

—, 235, **2104 b** = I, 84.

Laval, *arch. dép. Mayenne*, 87 G 1, **636 *bis*** = I, 28.

—, 155 G 1, **637 *ter*** = I, 28.

—, 352 G 13, **637 *bis*** = I, 28.

—, 581 G 11, **638 *bis*** = I, 29.

—, 630 G 4, **638 *ter*** = I, 29.

—, H 204, **617** = I, 27.

Léningrad, *voir* Saint-Petersbourg.

Léré, *arch. de la collégiale* [perdues], **2469 *bis*** = IV, 37.

Lessay, coll. part., **5784 *bis*** = III, 16.

Lille, *arch. dép. du Nord*, 3 H 273, **1851 a** = III, 29.

—, *arch. du Comité flamand de France*, n. c., **2061 *bis*** = I, 832.

—, *arch. hosp.* XVIII B 73 [déposées aux arch. dép. du Nord], **1890** = IV, 22.

—, *bibl. mun.*, 23, **1822 a** = I, 75.

—, 28, **1892 a** = I, 77.

—, 561 (70), **1887** = I, 77.

Lille, *bibl.mun.*, 631, **1892 b** = I, 77.

—, 631, **1899 a** = I, 78.

—, C 189, **1891 a** = II, 35.

Limoges, *arch. dép. de la Haute-Vienne*, G 373, **2813 *bis*** = Répert., 1508.

—, 3 G 511, **2714** = IV, 39.

—, 3 G 512, **2721** = IV, 39.

—, H Solignac prov. 9240, **2800 a** = Répert., 1508. > auj. 6 H 3.

—, H Solignac prov. 9506, **2809 a** = Répert., 1508. > auj. 6 H 5.

—, 6 H 4-5, **2807-2809** = I, 110.

—, 23 H 6, **2725** = II, 44.

—, 25 H 183-184, **2760 ab** = I, 108-109.

—, I SEM 13 (1), **2715, 2719** = IV, 39.

—, 125 J 5, **2811** = IV, 39.

—, *arch. de la Société archéologique et historique du Limousin*, 5, **2811** = III, 43 ; – IV, 35.

—, *bibl. francophone multimédia*, 12, **2718** = IV, 39.

—, 295, **2757 *bis* a** = IV, 39.

Lisieux, *coll. part.*, **523 b** = Répert., 1504.

Londres, *British Library*, Add. 11534, **1735** = I, 71.

—, Add. mss 16975, **489** = I, 15.

—, Add. 16979, **3071** = II, 51.

—, Harley, 2902, **1868 a** = IV, 21.

—, Harley, 4978, **299** = IV, 5

Louviers, *bibl. mun.*, 28, **291** = I, 11.

Lyon, *coll. part.*, **3242 a** = IV, 45.

M

Mâcon, *arch. dép. de Saône-et-Loire*, 10 G 4, **175 *bis*** = III, 13 ; – IV, 4.

—, H 708-710, **160-162** = III, 12 ; – IV, 4.

Magnac-Laval, *arch. de l'église Saint-Maximin*, n. c., **2826** = IV, 40.

Mans (Le), *arch. dép. de la Sarthe*, E suppl. Château-du-Loir, GG 1, **625 *bis*** = I, 26.

—, *bibl. mun.*, 437, **638** = I, 29.

—, B 691, **635** = I, 28.

Melun, *arch. dép. de Seine-et-Marne*, *voir* Dammarie-les-Lys.

—, *bibl. mun.*, 91, **894 *bis*** = II, 25.

MENDE, *arch. dép. de la Lozère*, J 6, **2840 a** = III, 44.
—, 1 J 9, **2840 b** = IV, 40.
—, *bibl. mun.*, 3, **2840 a** = I, 111.
METZ, *arch. comm.*, coll. de Salis, II, 155, **2017 a** = Répert., 1507.
—, *arch. dép. de la Moselle*, G 1964 *bis*, **1565 *bis*** = I, 62.
—, *bibl. mun.* [auj. médiathèque du Pontifroy], 1156, **1626** = I, 64 ; – III, 26.
MONS, *arch. de l'État*, Obituaires, 43, **1886 *bis*** : I, 76.
MONT-DE-MARSAN, *arch. dép. des Landes*, H 1, **3011** = I, 120.
MONTAUBAN, *arch. dép. de Tarn-et-Garonne*, G 789, **2709 a** = II, 44.
MONTPELLIER, *arch. dép. de l'Hérault*, G 59, **3054** = II, 50.
—, G 1832-1834, **3605 a** = III, 51.
—, G 3811, **3059 a** = III, 52.
—, G 4113, **2452** = II, 41; – **3216 *bis*** = II, 52.
—, G 4120, **3259 *bis*** = III, 56.
—, 5 H 1, **3077 *bis*** = III, 53.
—, 13 H 1, **3052 *bis*** = III, 51.
—, *bibl. mun.*, 13, **3077** = III, 53.
MUNICH, *Bayerische Staatsbibl.*, clm 10170, **968 b** = I, 39.
—, clm 10171, **1243 *bis*** = I, 48 ; – III, 19.

N

NANCY, *arch. dép. de Meurthe-et-Moselle*, H 2950, **1683 a** = Répert., 1505.
—, E. V. EX. 57, **1757** = I, 62.
—, n. c., **1645 *bis*** = Répert., 1505.
—, *bibl. mun.*, 992 (cat. 1758), **372 a** = III, 16.
—, 995 (3), **371** = I , 14.
NANTES, *bibl. mun.*, 30, **1359** =II, 26.
NEW HAVEN, *Yale University Library*, The Library of Thomas E. Marston, 25, **2894** = III, 48.
NYOISEAU, *arch. du presbytère*, **696 a** = I, 31.

O

OBERNAI, *arch. comm.*, GG 14/1, **2178** = IV, 31.
—, GG 14/2, **2178 a** = IV, 31.
—, GG 14/3, **2178 b** = IV, 31.
ORLÉANS, *arch. dép. du Loiret*, 3 E 26583, **882 *bis*** = I, 37.
—, 50 J 26, **825 a** = I, 36.
—, *bibl. mun.*, 55 (435 bis), **1169** = I, 44.
—, 322 (273), **1164 a** = I, 43.
—, 2293, **1164** = I, 43.

P

PARIS, *arch. de l'hôpital des Quinze-Vingts*, 5451, **1322 *ter*** = III, 21.
—, *arch. historique de l'archevêché*, 4° r P. ,32, **1459 *bis* a** = III, 25.
—, *Arch. nat.*, AB XIX 1722 (Allier), **268 a** = Répert., 1503 ; – I, 11.
—, AB XIX, 1722 (Ardennes), n. c., **1712 *bis*** = I, 69.
—, AB XIX 5354, **1322 *bis*** = IV, 16.
—, LL 290, 291, 292, **1215 c** = I, 45.
—, LL 361, **1217 a** = I 46.
—, Q[1] 1498, **1389 *bis*** = I, 53.
—, S 853 (5) (6) (7), **1217 b, d-e** = I, 48.
—, S 1822, **1387 a** = I, 53.
—, n. c., **1322 *bis*** = III, 20.
—, *bibliothèque historique de la ville de Paris*, Rés. 116, [anc. FG 2015] **1387** = I, 53.
—, *bibl. de l'Arsenal*, 203, **1283 a** = I, 49.
—, 608, **968 a** = I 39.
—, 622, **1212 a** = I, 44.
—, 623, **1307 a** = I, 50.
—, 15792 rés., **1250 a** = IV, 12.
—, *bibl. Mazarine*, 1694, **1359 *bis*** = II, 27.
—, 3347, **1308** = I, 50.
—, 4406, **363** = I, 14.
—, impr. A 11083, pièce 2, **1412 *bis*** = I, 55.
—, impr. 12186, pièce 47, **1364 *bis*** = III, 22.
—, impr. A 15192, pièce 24 *bis*, **1448 a** = I, 55.
—, *Bibliothèque nationale de France*
Cinq Cents de Colbert, 144, **2555 *bis*** = Répert., 1507.
Coll. Baluze, 41, **2712** = IV, 33.
—, 74, **2713** = IV, 33.
—, 142, **2195** = I, 92.
Coll. de Bourgogne, 37, **2946 a** = I, 116.
Coll. de Champagne, 9, **1755 a** = I, 72 ; – **1771** = I, 72.

Coll. Clairambault, 561, **1721 *bis*** = I, 70.

Coll. Doat, 130, **2706 a** = I, 107.

—, 132, **2614 a** = III, 39.

Coll. Duchesne, 49, **1693 b** = I, 69.

—, 93, **1633** = II, 31.

Coll. de Lorraine, 1, **1637** = II, 31.

Coll. de Périgord, 12, **2957 *bis* a** = I, 117.

Coll. de Picardie, 28, **1786 *bis*** = I, 73.

—, 165, **1913 a** = I, 80.

Français

—, 525, **1217 c** = I, 47.

—, 5380, **1459 *bis*** = III, 25.

—, 8223, **1423** = I, 55.

—, 8335, **1677 a, 1687 a** = I, 68.

—, 9075, **1714 a** = I, 70.

—, 17698, **1692 a** = I, 68 ; – **2546 a** = I, 99 ; – **2546** c = I, 100.

—, 19856, **2877 a** = III, 45.

—, 20891, **789** = III, 19.

—, 21826, **566 b** = I, 21.

—, 21828, **565 *bis*** = I, 20.

—, 22329, **629** = I, 28 ; – **742 a** = I, 32.

—, 23093, **742** = I, 32.

Français, Nouvelles acquisitions

—, 4985, **1490** = I, 60.

—, 7433, **1989 a** = I, 81 ; – **1992 b** = II, 38 ; – **2003 *bis***, II, 39 ; – **2005 *bis*** = I, 81 ; – **2924 a** = I ; 116.

—, 9799, **2453** = II 41.

—,10060, **2757 *bis* a** = III, 43.

—, 21850, **594 a** = III, 18.

Latin

—, 821, **2892** = I, 114.

—, 825, **3179 a** = I, 132.

—, 828, **1623 a** = I, 64.

—, 849, **3166 *bis*** = 129.

—, 983, **2950 *bis*** = Répert., 1509.

—, 1096, **571 a** = I 24.

—, 1100, **151 *bis*** = I, 8.

—, 1138, **2751** = III, 42.

—, 2135, **2783** = II, 45.

—, 2298, **3195 *bis*** = I, 132.

—, 2731, **2876** = III, 45.

Latin, 4686, **1321 b** = I, 52.

—, 5185 CC, **1198** = III, 19.

—, 5198, **369** = III, 15.

—, 5246, **3259** = III, 56.

—, 5248, **3278** = I, 129.

—, 5256, **3081** = I, 123.

—, 5257, **3764** = I, 109.

—, 5259, **3052** = II, 49 ; – III, 51.

—, 5480, t. 2, **2903 a** = III, 48 ; – **2955**, III, 50.

—, 5548, **2705** = I, 107 ; – II, 43.

—, 5554, **3280** = I, 136.

—, 6231 [**A**], = I, 6.

—, 8989-9090, **809-810** = I, 36.

—, 9114, **1076** = I, 42.

—, 9194, 2792 = II, 46.

—, 9434, **598 a** = I, 25

—, 9437, **1088 a** = I, 42.

—, 9487, **378 *bis*** = I, 24.

—, 10025, **1549** = I, 62.

—, 10028, **1550** = III, 26.

—, 10046, **595** = I, 25.

—, 10500, **2188** = I, 92.

—, 10062, **538** = IV, 8.

—, 11053, **487** = I, 15.

—, 11068, **1786 a** = I, 73.

—, 11842, **1894 a** = I, 78.

—, 11902, **1634** = II, 31.

—, 12583, **2019** = I, 82.

—, 12697, **2546 b** = I, 99.

—, 12742, **1310** = I, 50.

—, 12746, **2742** = III, 42 ; – **2792-3** = III, 43 ; – **2794** = I,110 ; – II, 46.

—, 12751, **2877** = I, 114 ; – III, 45.

—, 12669, **1785 a** = I, 72.

—, 12691, **2698 a** = Répert., 1505.

—, 12761, **3078, 3079** = III, 53.

—, 12763, **2720** = IV, 39.

—, 12764, **3261** = I, 134.

—, 12766, **2855** = IV, 40.

—, 12768, **2359** = I, 96.

—, 12774, **3058** = II, 50.

—, 12882-12883, **1293-1294** = I, 50.

Latin, 13090, **1290** = I, 50 ; – **1327** = I, 52.
—, 13817, **3080** = III, 53.
—, 13818, **595 *bis*** = I, 18.
—, 13818, **927 *bis*** = I, 37 ; – **959 a**-b = I, 38.
—, 14673-14674, **1316-1317** = IV, 16.
—, 14679, **1321 a** = I, 51.
—, 14810, **1318 b** = I, 51.
—, 15064, **1318 a** = I, 51.
—, 16309, **2892 *bis*** = I, 115.
—, 16771, **1215 a** = I, 45.
—, 17118, **2711**, **2716** = IV, 39 ; – **2741**, II, 44.
—, 17177, **1331** = IV, 16.
—, 17194, **575 a** = I, 24.
—, 17207, **1215 b** = I, 45.
—, 17307, **1723** = I, 70.
—, 17311, **1884 *bis*** = I, 76.
—, 17767, **2008** = I, 81.
—, 18362, **1929** = I, 80.
Latin, Nouvelles acquisitions
—, 311, **863** = I, 37.
—, 348, **170** = I, 9.
—, 349, **1618** = I, 63.
—, 368, **2482 *bis*** = I, 98.
—, 429, **777** = I, 33.
—, 671, **3259 *bis*** = I, 133.
—, 742, **2315 *bis*** = IV, 36.
—, 753, **3161** = IV, 44.
—, 1415, **2463** = II, 42.
—, 1540, **1242** = I, 48.
—, 1890, **719 *bis*** = I, 32.
—, 1963, **3060** = II, 51.
—, 2073, **2860 a** = II, 47.
—, 2389, **342 a** = I, 139 ; [C], = I, 138 ; – **359 a** = IV, 7.
—, 2477, **17543 a** = I, 140.
—, 2692, **112 *bis*** = III, 11.
—, 3008, **1601** = II, 31.
—, 3036, **3089** = III, 55.
Imprimés
—, 4 LK7 6915, **1432 a** = IV, 16.

PARIS, *bibl. Sainte-Geneviève*, 95, **1960 *bis*** = I, 80.
—, 347, **497 *bis*** = I, 16; – **931 a** = I, 38.
—, 112, **614 *bis*** = I, 26.
—, **1293**, **1285** = II, 26.
—, *coll. part.*, **1455** = III, 24.
—, n. c., **2595 a b** = I, 101-102 ; – III, 39.
—, n. c., **1788 a** = I, 74.
—, *Trésor du chapitre cathédral Notre-Dame* [ms. 1 (1)], **1198 a** = IV, 11.
— [ms. 1 (2)], **1207 a** = IV, 11.
PÉRIGUEUX, *arch. dép. de la Dordogne*, ms. 51, **2957 *bis*** = IV, 43.
—, ms. 451, **2957 *bis*** = I, 117.
PERPIGNAN, *arch. dép. des Pyrénées-Orientales*, 1 J 78/9, **3063 a** = I, 120.
PIERREFITTE-SUR-SEINE, *Arch. nat.*, 210 AS n. c., **1484** = IV, 18.
POITIERS, *arch. dép. de la Vienne*, H, reg. 205, **2922** = I, 116 ; – II, 48.
PROVINS, *bibl. mun.*, 11, **814** = I, 36 ; – II, 24.
PUY (LE), *arch. dép. de la Haute-Loire*, G 1053, pièces 1-4, **2860** = I, 111 ; – pièces 5-6, **2860 a** = IV, 41.
—, *bibl. mun.*, 41, **2861 *quater*** = II, 48.
—, *église Saint-Laurent* [obituaire mural], **2856 *bis*** = IV, 41.

R

REIMS, *bibl. mun.*, 1822, **1693 a** = I, 68.
—, 2171, **1759 *bis*** = II, 34.
—, 2233, **1682 a** = II, 32, **1656-1657** = II, 32.
—, 2234, **1693 a** = II, 33.
—, 2235, **1700 a** = II, 33.
RENNES, *arch. dép. d'Ille-et-Vilaine*, G 5126 b, **786 *bis*** = I, 33.
—, *arch. capitulaires*, A1-A 2, **639-639 a** = III, 18.
RODEZ, *arch. comm.*, Cité II 8, **2598** = III, 39.
—, *arch. de la Société des lettres de l'Aveyron*, 3 E 5, **2613** = I, 103.
—, Fonds A. Monteil, vol. 15, **1455 *bis*** = I, 58.
—, n. c., **2614 a** = III, 39.
—, *arch. dép. de l'Aveyron*, 2 E 67, 51, **2611 *bis*** = I, 103.
—, 3 E 10257, 10270 à10276, 10378, 10303, 103219-10320, **2624** *bis* = I, 103.
—, 3 E 12874, **2629 *bis*** = I, 105.

Rodez, *arch. dép. de l'Aveyron*, 3 E 14096, **2595 c** = I, 102 ; – III, 39.

—, 3 G 12-13, **2596-2597** = III, 39.

—, 3 G 200, **2607 a** = I, 102.

—, 3 G 238, **2599** = III, 39.

—, H Suppl. n. c., **2636 *bis*** = Répert., 1507.

—, 33 J 50, **2629 *ter*** = I 105.

—, *bibl. de l'évêché*, 35, **2595** = I, 101 ; – III, 39.

—, fonds des paroisses, Ayrinhac, **2628 *bis*** = I, 104.

—, fonds des paroisses, Vimenet, **2640 *bis*** = I, 105.

Rome, *arch. capitulaire de Saint-Jean de Latran*, XY. 35, **2882 *bis-ter*** = III, 46-47 ; – IV, 43.

—, *bibl. Alexandrina*, 25 b, **1615 *bis***, **1618** *bis* = Répert., 1505 ; – I, 63.

—, *couvent Sainte-Sabine, archives générales de l'ordre des Prêcheurs*, XI.11.000, **1274 *bis*** = IV, 13.

Roncevaux, *trésor de la collégiale*, n. c., **3294** = I, 136.

Rouen, *bibl. mun.*, Y 42 (1292), **381** = II, 23.

—, Y 782 (1194), **321** = II, 23.

—, Y 1181 (292), **361 a** = I, 14.

S

Saint-Denis, *arch. mun.*, GG 1985, **1347 *bis*** = III, 22.

Saint-Dié, *bibl. mun.*, 38 a, **1503** = I, 62.

Saint-Émilion, *arch. comm.*, GG 1, **2875 a** = III, 44.

Saint-Lô, *arch. dép. de la Manche*, H, n. c. †, **559** = I, 19 ; – **566 a** = I, 20.

Saint-Maurice d'Agaune, *arch. de l'abbaye*, CHN 62/11/1, **2341 *bis*** = IV, 36.

Saint-Michel-sur-Orge, *arch. de l'église*, n. c. **1458 *bis*** et ***bis* a**, *voir* Chamarande, *arch. dép. de l'Essonne*, 1 J 193, 1 J 203 = I, 58 ; – III, 24.

Saint-Omer, *arch. dép. du Pas-de-Calais* [en dépôt à la bibl. mun.], 2 G 860-861, **2081 a-b** = III, 31.

—, *bibl. mun.*, 57, **2075 *bis* b** = I, 83.

—, 153, **2075 *bis* a** = I, 83.

Saint-Pétersbourg, *Bibl. Saltykov-Chtchédrine*, lat. Q.v. I 56, **2011 a** = I, 81.

Saintes, *bibl. mun.*, coll. Martineau, n. c., **2892 *bis*** = I, 115.

Sélestat, *arch. comm.*, JJ 37, **2177/2** = IV, 28.

Senlis, *bibl. de la Société d'histoire et d'archéologie*, n. c., **1906 a** = III, 31.

—, *bibl. mun.*, coll. Afforty, 1, **1905** = I, 79.

—, coll. Afforty, 2, **1901 a** = I, 79.

Solesmes, *bibl. de l'abbaye Saint-Pierre*, LL C/5-212, **574 a** = IV, 8.

Strasbourg, *arch. comm.*, voir *arch. de la ville et de l'Eurométropole de Strasbourg*.

—, *arch. dép. du Bas-Rhin*, G 1759/ 5, **2177/7** = IV, 29.

—, G 1808, **2177/9 b** = IV, 30.

—, G 1890/1, **2177/4** = IV, 29.

—, G 5276/1, **2182 c** = IV, 33.

—, G 5276/2-3, **2182 a-b** = IV, 32-33.

—, G 5437/5, **2179/3 a** = IV, 32.

—, G 5818/2.1, **2187/3** = IV, 35.

—, G 6576/17 *bis*, **2173/4** = IV, 27.

—, G 6581/10, **2182** = IV, 32.

—, G 6581/16, **2185/2** = IV, 35.

—, G 1808, **2177/9 b** = IV, 30.

—, G 1890/1, **2177 /4** = IV, 29.

—, G 1890/1, **2184/1** = IV, 34.

—, G 5276/1, **2182 c** = IV, 33.

—, G 5276/2-3, **2182 a-b** = IV, 32-33.

—, G 5437/5, **2179/3 a** = IV, 32.

—, G 5818/2.1, **2187/3** = IV, 35.

—, G 6576/17 *bis*, **2173/4** = IV, 27.

—, G 6581/10, **2182** = IV, 32.

—, G 6581/16, **2185/2** = IV, 35.

—, G 1890/1, **2184/1** = IV, 34.

—, 2 G 65/1, **2173/3** = IV, 27.

—, 2 G 129/1, **2173/5** = IV, 28.

—, 2 G 228/1, **2177/5** = IV, 29.

—, 2 G 232/1, **2177/6** = IV, 29.

—, 2 G 261/5, **2187/1** = IV, 35.

—, 2 G 300/1, **2177/9 a** = IV, 30.

—, 2 G 300/2, **2188/ 9 c** = IV, 30.

— ,2 G 300/3, **2177/9 d** = IV, 30.

—, 2 G 313/5, **2177/10** = IV, 30.

—, 2 G 430/1, **2179/1** = IV, 31.

—, 2 G 473/3, pièces 1-2, **2182 d-e** = IV, 33.

—, 2 G 544 B, **2187/4** = IV, 35.

—, 2 G 129/1, **2173/5** = IV, 28.

—, 2 G 228/1, **2177/5** = IV, 29.

—, 2 G 65/1, **2173/3** = IV, 27.

—, H 1612, **2143 a** = IV, 25.

—, H 1613, **2128 b** = IV, 23.

STRASBOURG, *arch. dép. du Bas-Rhin*, H 2727/24, **2164 *bis*** = IV, 26.

—, H 552, **2135** = IV, 24.

—, 136 J 15, **2128 c**, **2177/8** = IV, 24.

—, 131 J 26, **2185/1** = IV, 34.

—, *arch. de la ville*, arch. de l'Œuvre, 1, **2126** = IV, 23.

—, AST 176, **2165** = I, 90.

—, 1 AH 215, **2179/2** = IV, 31.

—, 1 AH 216, **2179/2, 2 b** = IV, 32.

—, 1 AH 1718, **2183 b** = IV, 33.

—, 1 AH 1719, **2183 c** = IV, 33.

—, 2 AST 62/1, **2166 a** = IV, 26.

—, 2 AST/62/2, **2166 b** =IV, 26.

—, 3 AST 25/6, **2145-2145 a** = IV, 24.

—, 6 AST 31/18, **2183 a** = IV, 33.

—, 6 AST 33/1, **2172 b** = IV 28.

—, 6 AST 33/2, **2183/1** = IV, 34.

—, VI 179/8, **2185 a** = IV, 34.

—, VII 51/37, **2177/1** = IV, 28.

—, 101 Z 1000 (fonds Wittmer), **2177/3** = IV, 28.

—, *Grand Séminaire*, 35, **2154** = IV, 25.

—, 37 (78), **2295** = II, 40.

—, 132, **2157 *bis*** = IV, 26.

—, 367 (78), **2295** = I, 93.

STUTTGART, *Württembergische Landesbibl.*, Fürstenberg 512, **2124** = III, 33.

T

TORONTO, *The Bergendal Collection*, 67, *voir* LIMOGES, *bibl. francophone multimédia*, 295.

TOULOUSE, *bibl. mun.*, 98, **3116 a** = I, 126.

—, 106, **2706 b** = I, 107.

—, 623, **3043** = IV, 43.

TOUR-EN-BESSIN, *arch. comm.*, n.c., **453 *bis*** = I, 15.

TOURNAI, *bibl. de la Ville*, 25 †, **1984** = I, 78.

TOURS, *arch. dép. d'Indre et Loire*, 1 I 88, **602 *bis*** = III, 17.

TROYES, *bibl. mun.*, 626 [**B**], = I, 6.

—, 894, **1121** = I 43.

—, 1480, **1126 a** = I, 43.

—, 2038, **220 a** = I, 10.

V

VALENCIENNES, *bibl. mun.*, 118 (111), **1894 b** = I, 78.

—, 121 (114), **1893 a** = I, 77.

—, 838, **1807** = I, 74 ; – III, 29 ; – IV, 21.

—, 1017 (753), **2861 *bis*** = Répert., 1506.

VALOGNES, *bibl. mun.*, 46, **565 *bis*** = I, 19.

VATICAN, *Archives apostoliques vaticanes*, Instr. Misc. 4123, **3169 *bis*** = IV, 44.

—, *Bibliothèque apostolique vaticane*, Ottoboni, 313, **1194** = I, 44.

—, Regin. lat. 540, **3272** = IV, 45.

VENDÔME, *bibl. mun.*, 16, **981 a** = I, 40.

VERDUN, *bibl. mun.*, 10-11, **1656-1657** = II, 32.

VERSAILLES, *arch. dép. des Yvelines*, G Suppl. 90, **885 *ter*** = I, 37.

—, G Suppl. 121, **1394 *bis*** = I, 54.

VESOUL, *arch. dép. de la Haute-Saône*, 25 J 50, **2228 a** = I , 92.

VILLENEUVE-DE-MARC, *coll. part.*, n. c., **2369** = I, 96.

W

WEIMAR, *Herzogin Anna-Amalia Bibl.*, HAAB-Fol. 74, **2138 *bis*** = IV, 24.

WOLFENBÜTTEL, *Herzog-August Bibl.*, Weissenburg 45, 2186 = I, 90 ; – II, 40.

Y

YZEURE, *arch. dép. de l'Allier*, H 202, **268** = I, 11.

Z

ZURICH, *Zentralbibl.*, ms. Rh. 168, **1548 a** = Répert., 1505.

PLANCHES

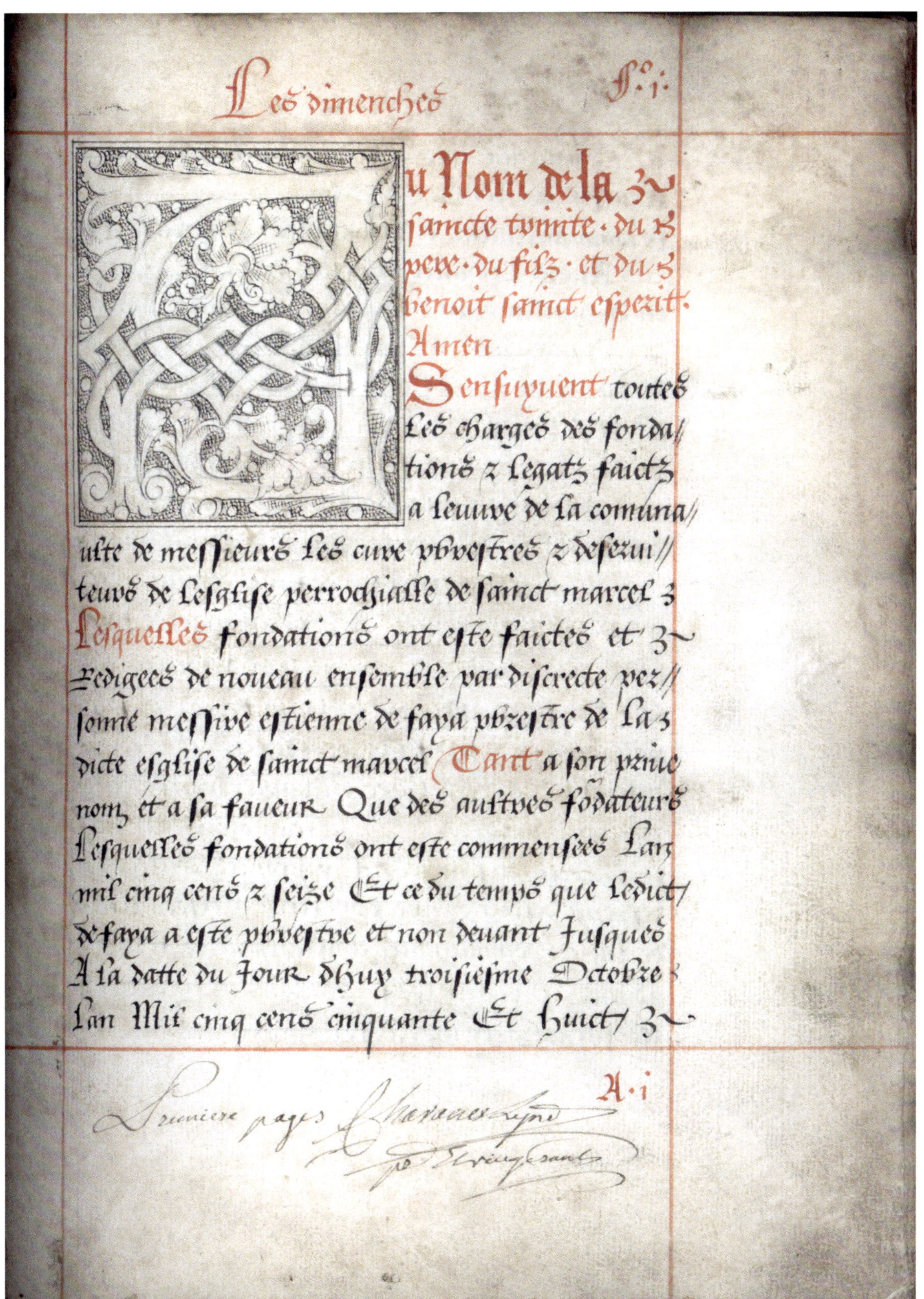

Les dimenches F°. i.

Au Nom de la
saincte trinite. du
pere. du filz. et du
benoit sainct esperit.
Amen
Sensuyuent toutes
Les charges des fonda/
tions et legatz faictz
a leuure de la commun/
aulte de messieurs les cure prebstres et deserui/
teurs de lesglise perrochialle de sainct marcel
Lesquelles fondations ont este faictes et
redigees de noueau ensemble par discrecte per/
sonne messire estienne de faya prebstre de la
dicte esglise de sainct marcel Tant a son prive
nom et a sa faueur Que des aultres fodateurs
Lesquelles fondations ont este commensees Lan
mil cinq cens et seize Et ce du temps que ledict
de faya a este prebstre et non deuant Jusques
A la datte du Jour dhuy troisiesme Octobre
Lan Mil cinq cens cinquante Et huict

A.i

Premiere pages

Pl. 1.
151 *bis*.

Pl. 2.
175 *bis*, p.1.

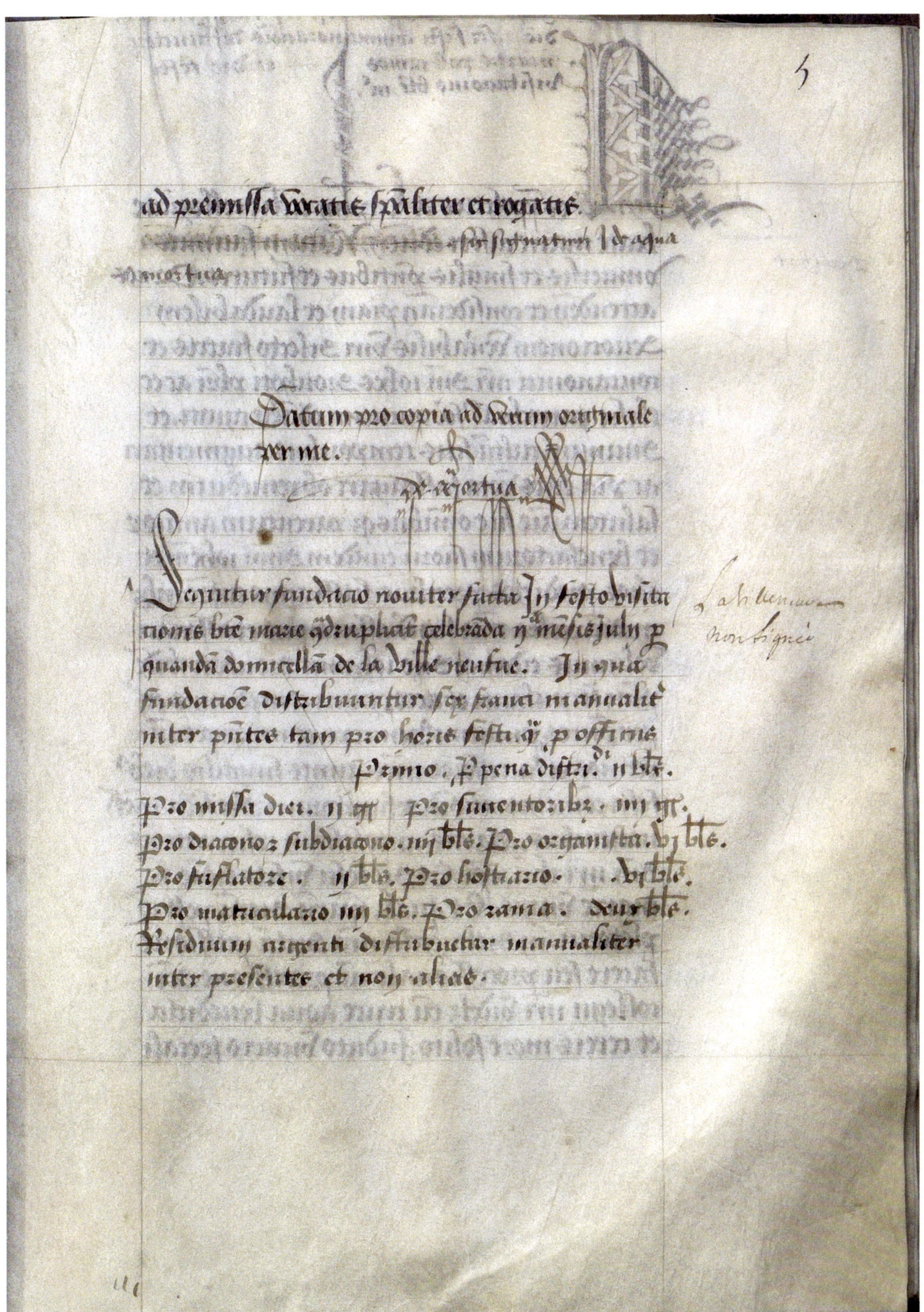

ad premissa vocatis specialiter et rogatis.

Datum pro copia ad verum originale per me.

Sequitur fundacio noviter facta in festo visitationis beate marie quadruplicat celebranda in mensis julii per quandam domicellam de la ville neufve. In qua fundacione distribuuntur sex franci manualiter inter presentes tam pro horis festi quam pro officiis.
Primo, pro pena distr. ii blanc.
Pro missa diei. ii gros. Pro fumentoribus. iiii gros.
Pro diacono et subdiacono. iiii blanc. Pro organista. vi blanc.
Pro suflatore. ii blanc. Pro hostiario. vi blanc.
Pro matriculario iiii blanc. Pro zama. decem blanc.
Residuum argenti distribuetur manualiter inter presentes et non alias.

Pl. 3.
175 *bis*, p. 5.

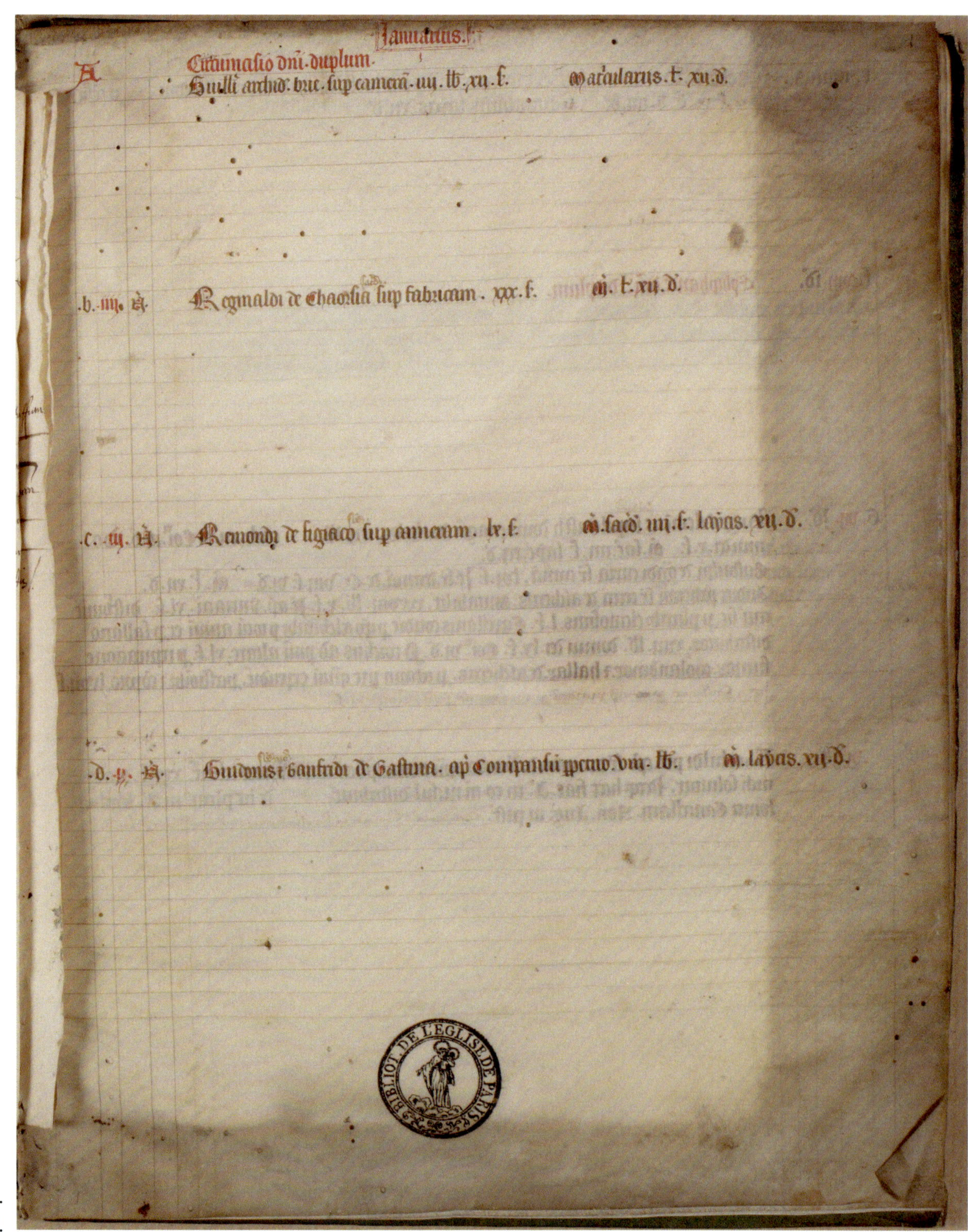

Pl. 4.
1198 a, f. 1r.

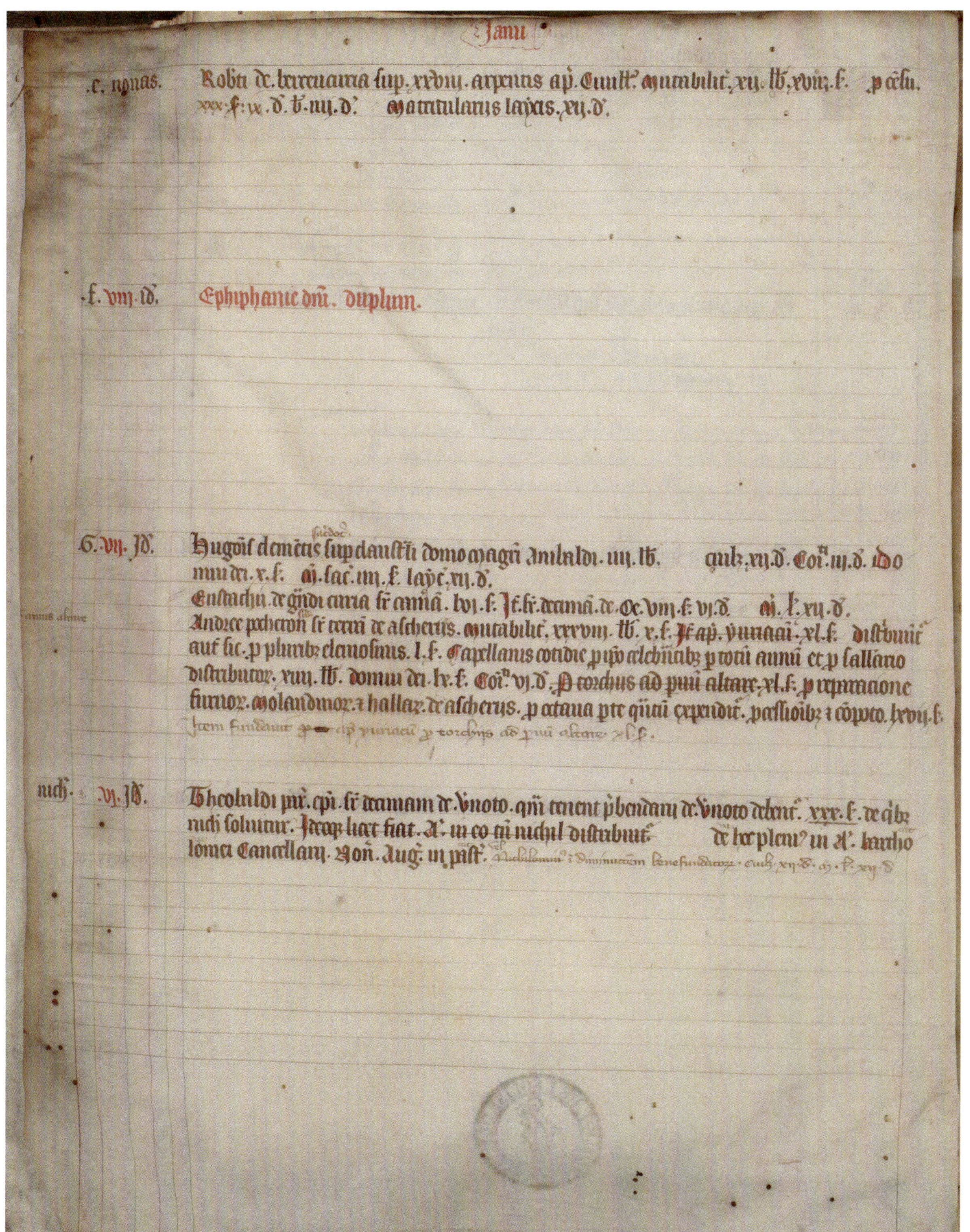

Pl. 5.
1198 a, f. 3r.

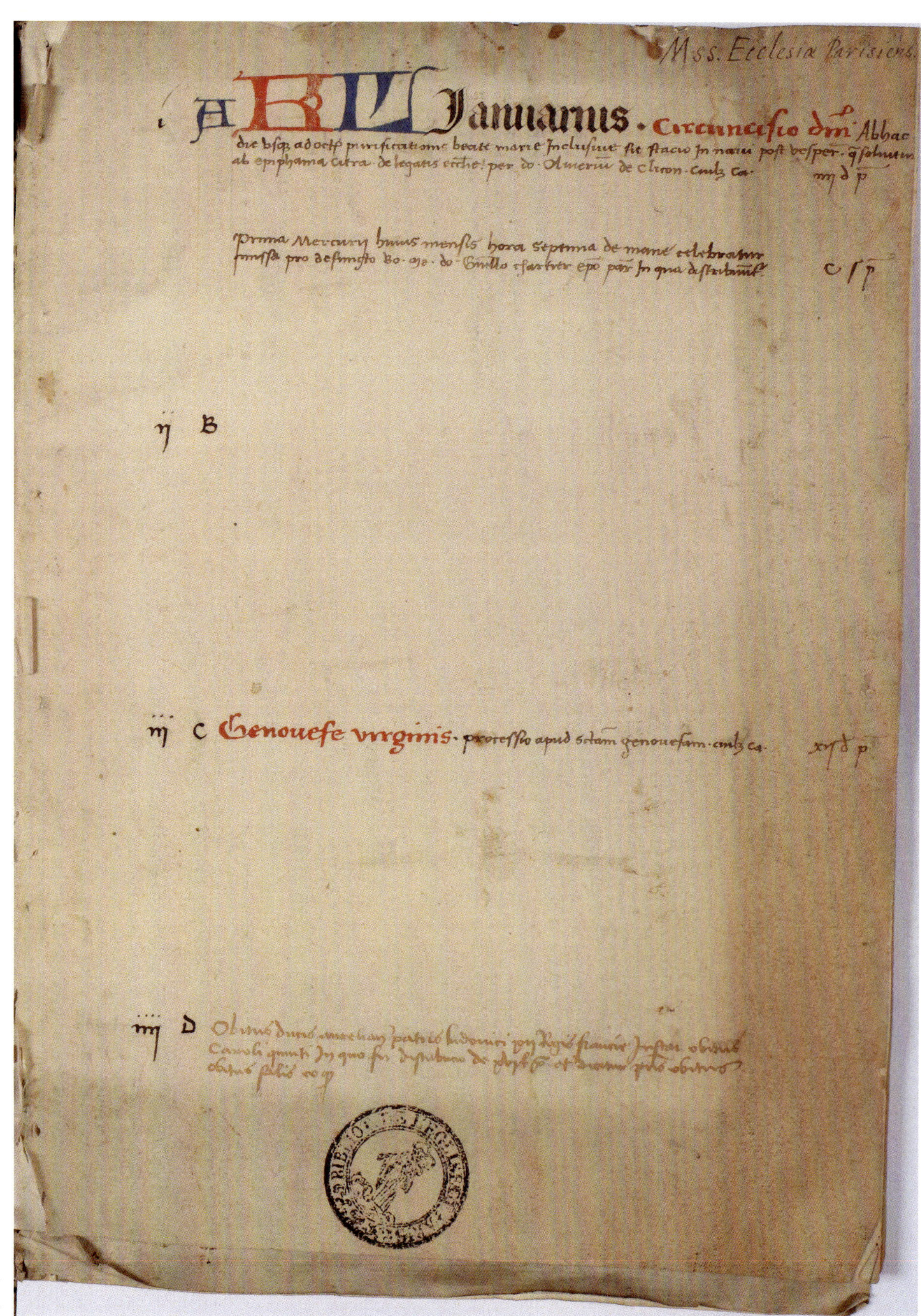

Pl. 6.
1207 a, f. 1r.

Commemoratio omni-
um fratrum familiariũ
ordinis noſtri atque be-
nefactorum noſtrorũ, necnõ.

Et alibi aliorum plu-
rimorum ſanctorum
martyrum et confeſ-
ſorũ, atqꝫ ſanctarũ vir-
ginum.

Pl. 7.
1250 a, cédules.

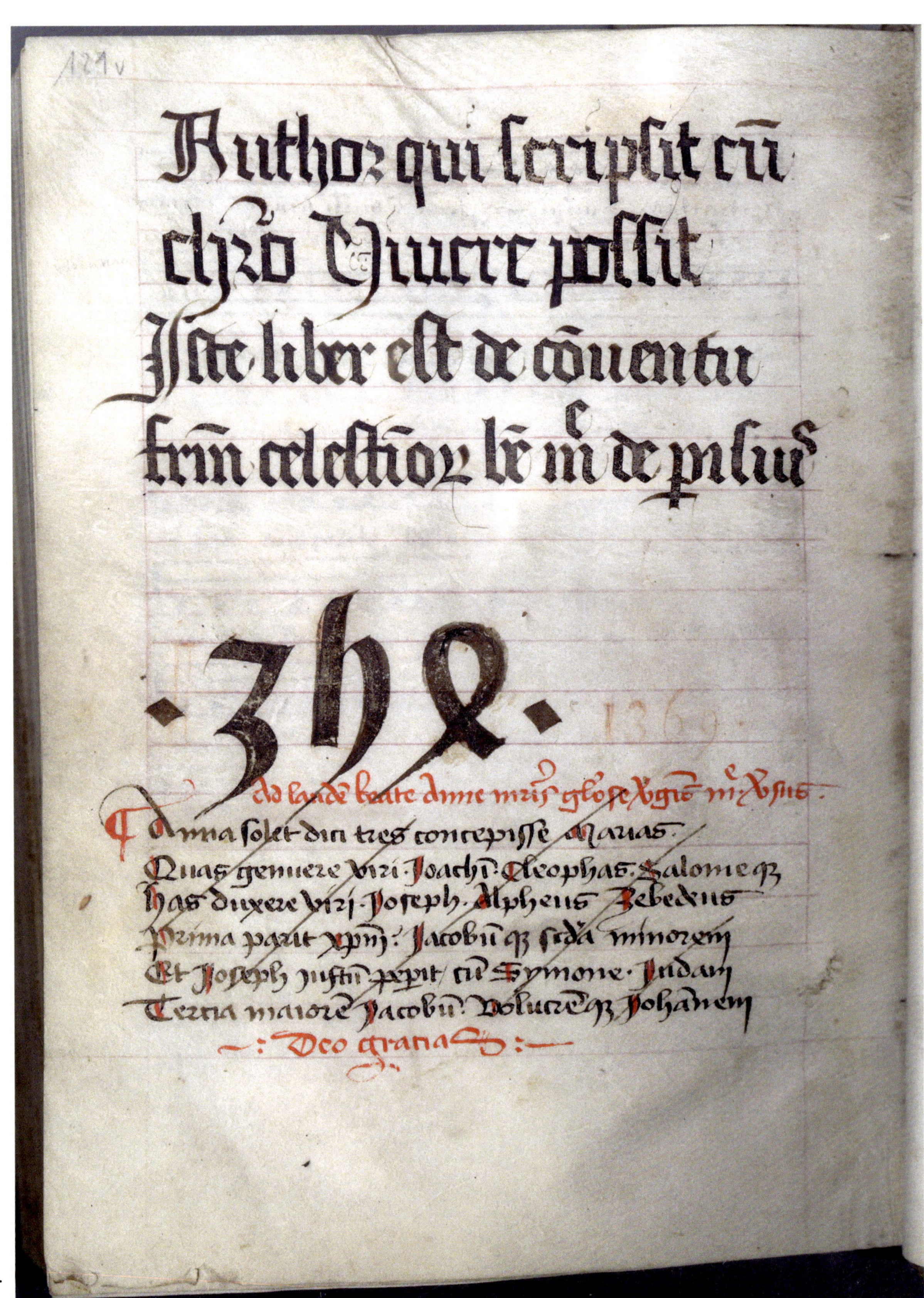

Author qui scripsit cum
christo vivere possit
Iste liber est de conventu
fratrum celestinorum [illegible] de parisius

Ihs

Ad laude beate Anne matris gloriose virginis [illegible]
Anna solet dici tres concepisse Marias
Quas genuere viri Joachim Cleophas Salomeque
Has duxere viri Joseph Alpheus Zebedeus
Prima parit Christum Jacobum que secunda minorem
Et Joseph iustum peperit cum Symone Judam
Tertia maiorem Jacobum volucremque Johannem
Deo gratias

Pl. 8.
1250 a, f.121[v].

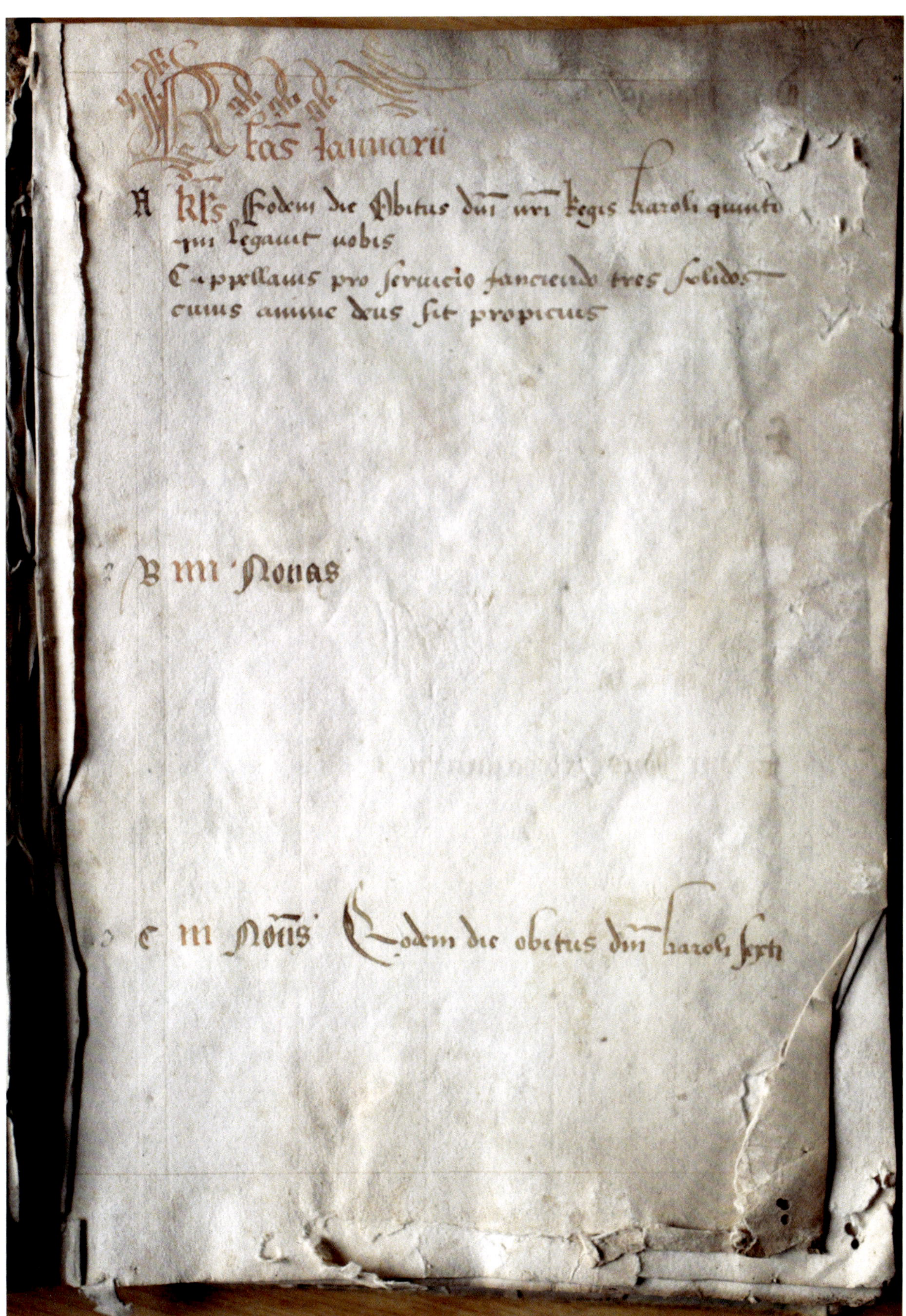

Klas Ianuarii

A Kls Eodem die Obitus dni nri Regis Karoli quinti
qui legauit nobis
Capellanis pro servicio faciendo tres solidos
cuius anime deus sit propicius

B IIII Nonas

C III Nonis Eodem die obitus dni Karoli sexti

Pl. 9.
1322 *bis*, f. 1r.

Pl. 10.
1484, f. 9r.

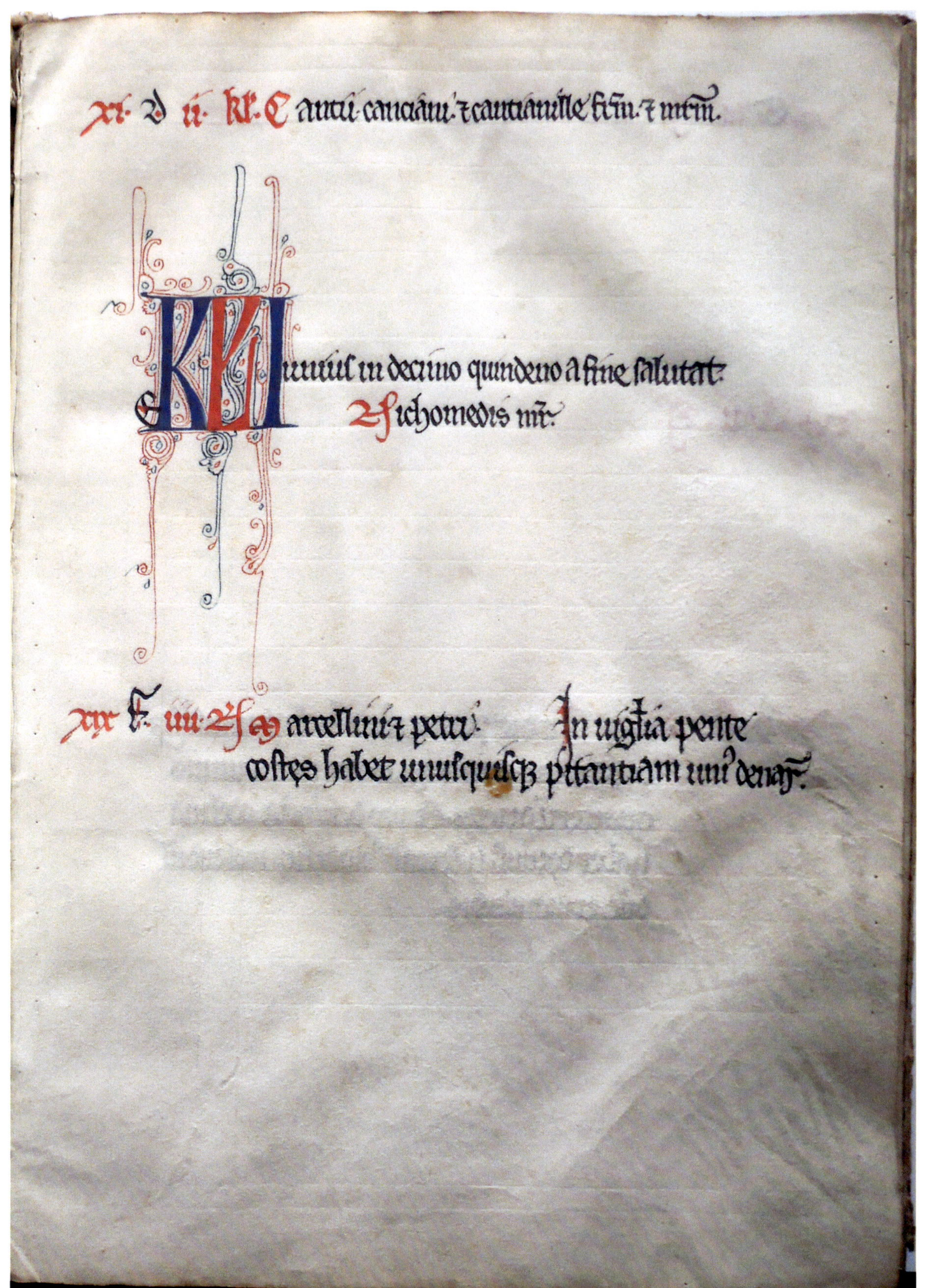

Pl. 11.
1484, f. 3r.

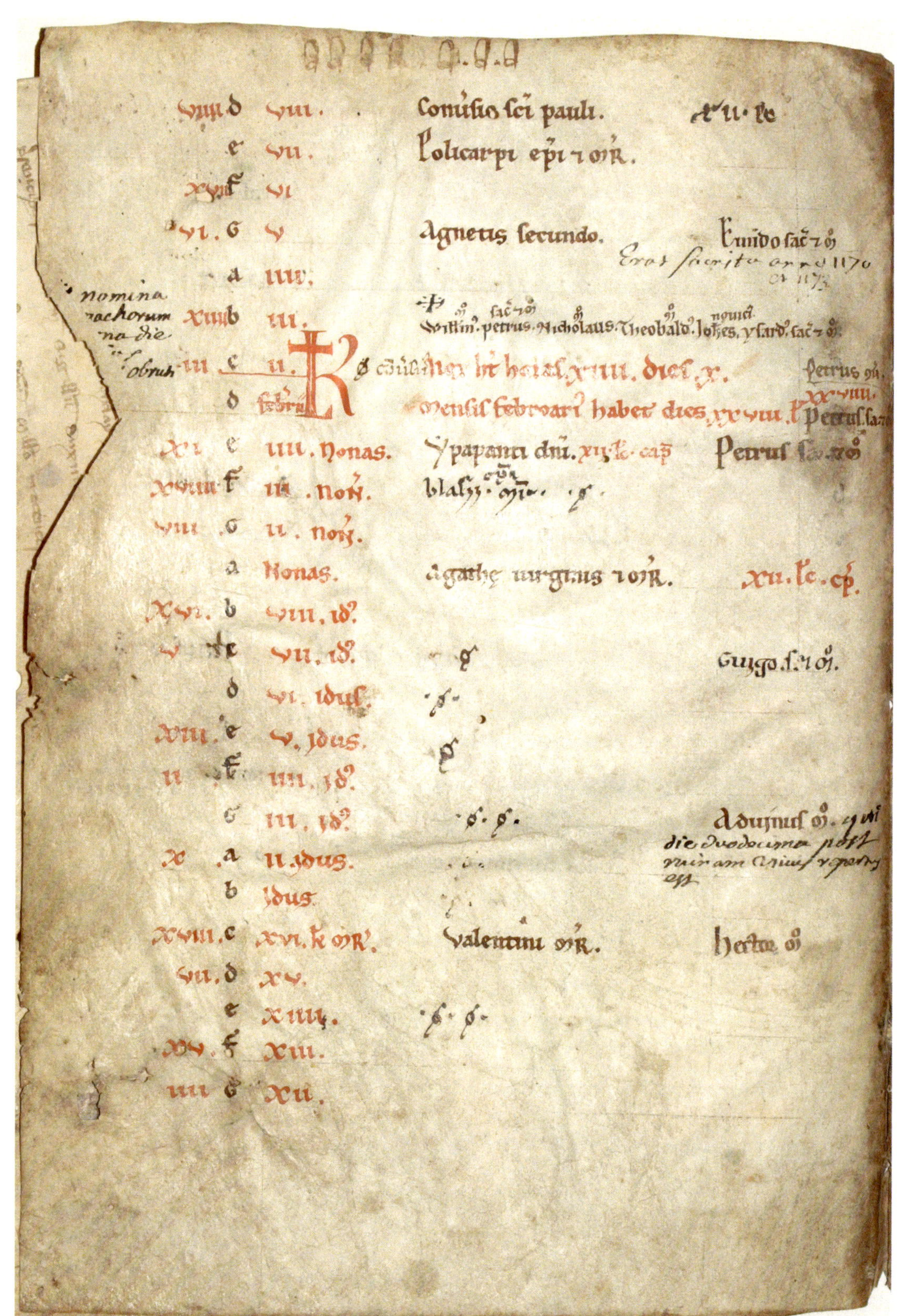

Pl. 12.
2412, f. 1r.

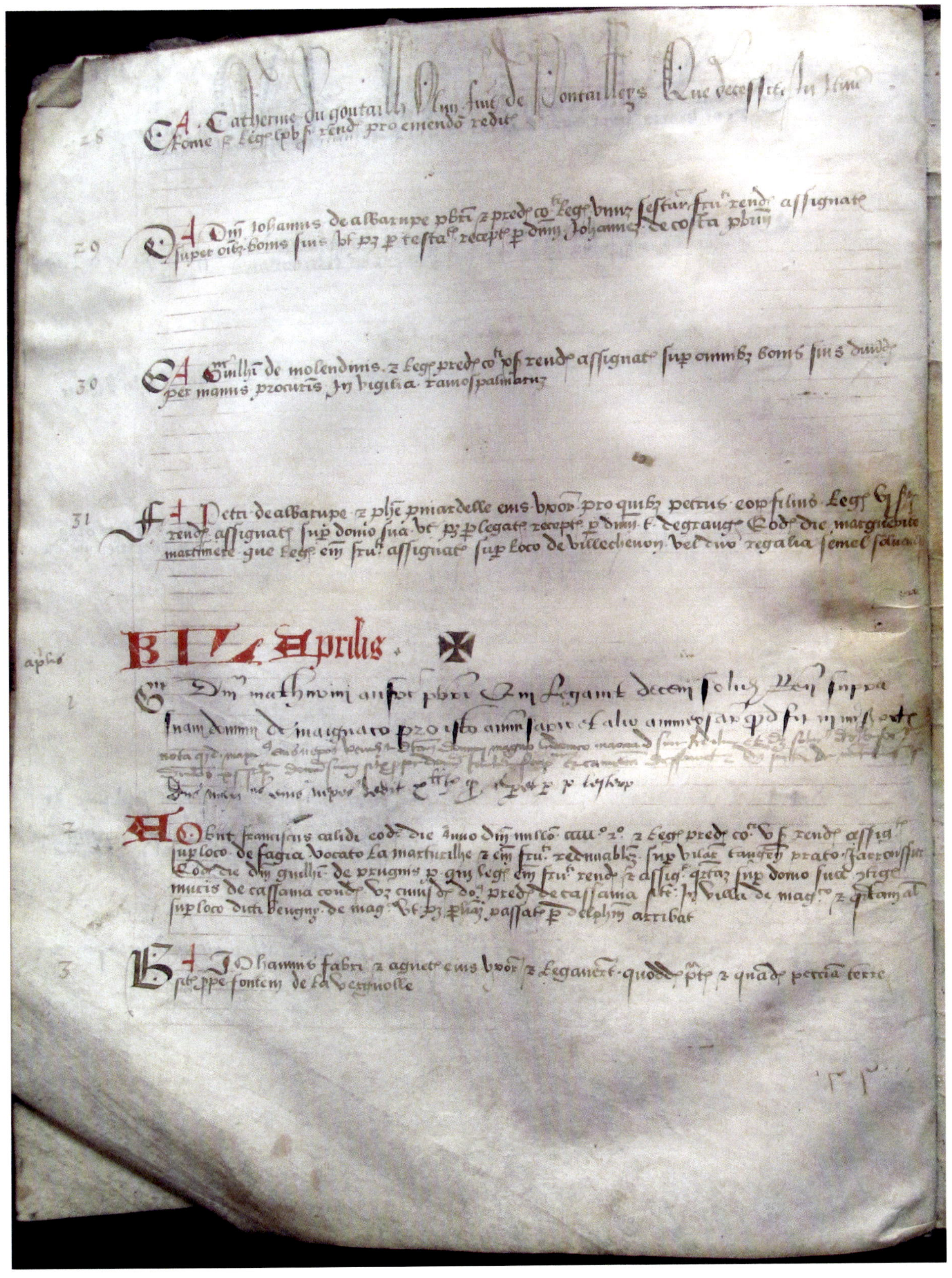

Pl. 13.
2826 a, f. 7v.

2856 *bis*. – Le Puy, église Saint-Laurent, obituaire mural de la famille de Polignac, mur nord du chœur, les vicomtesses.

Pl. 14.
2856 *bis*.

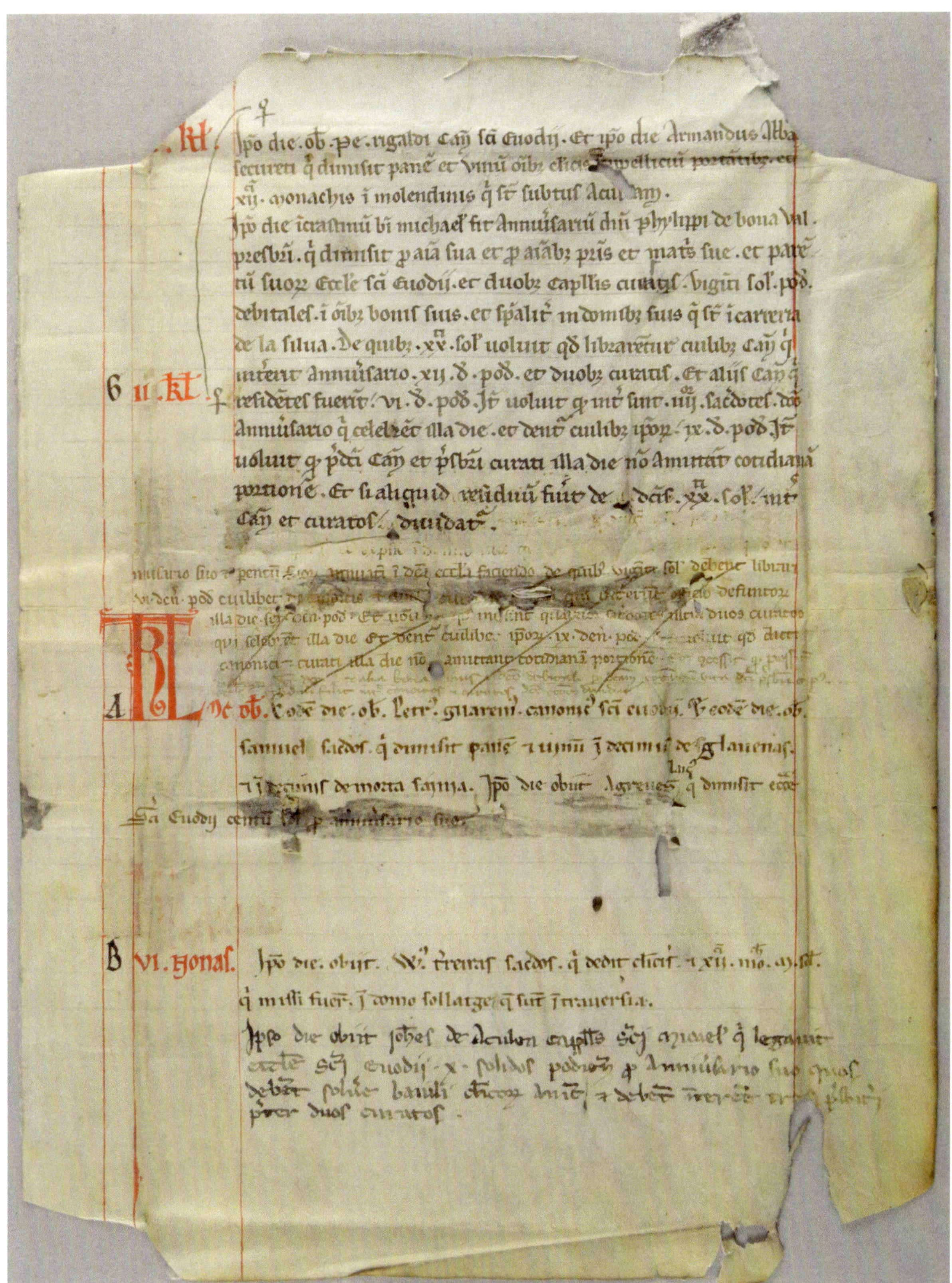

Pl. 15.
2860 a, f. 6r.

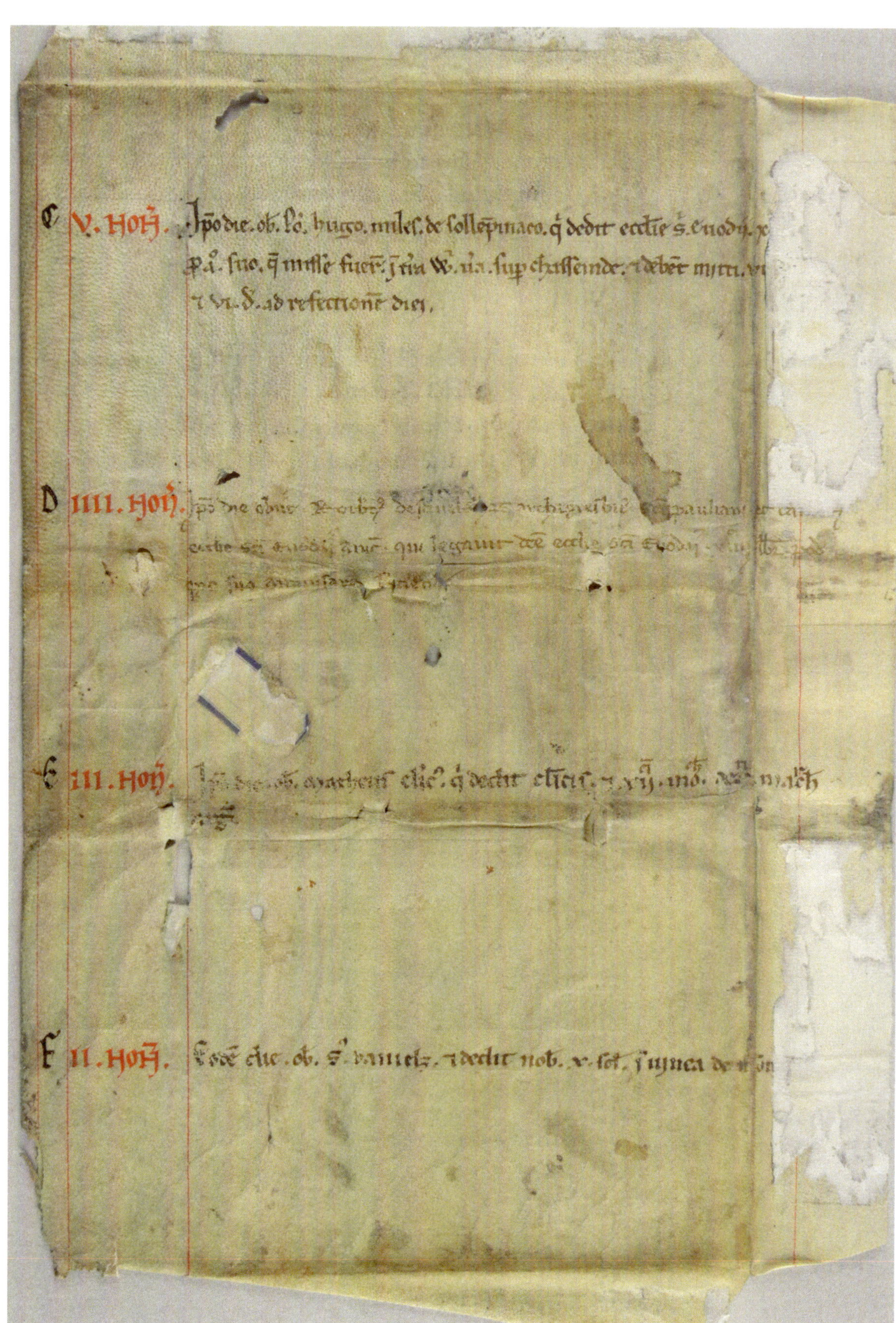

Pl. 16.
2860 a, f. 6[v]

TABLE DES PLANCHES

71 Pl. 1. – **151 *bis***. Saint-Marcellin-en-Forez, obituaire et livre des fondations, 1558, coll. part., fol. 1. (© D.R.).

72 Pl. 2. – **175 *bis***. Autun, collégiale Notre-Dame du Châtel, livre des fondations du chanoine Jehan Drouhot en 1478. Mâcon, arch. dép. de Saône-et-Loire, 10 G 4, p. 1. (© AD Saône-et-Loire).

73 Pl. 3. – *Id.*, p. 5.

74 Pl. 4. – **1198 a**. Paris, cathédrale Notre-Dame, obituaire du xive siècle. Trésor du chapitre de la cathédrale Notre-Dame [ms. 1], fol. 1[r]. (© CNRS-IRHT).

75 Pl. 5. – *Id.*, fol. 3[r].

76 Pl. 6. – **1297 a**. Paris, cathédrale Notre-Dame, obituaire du xve siècle. Trésor du chapitre de la cathédrale Notre-Dame, [ms. 2], fol. 1[r]. (© CNRS-IRHT).

77 Pl. 7. – **1250 a**. Paris, célestins, livre du chapitre, 1188-1584. Bibliothèque de l'Arsenal, ms. 15972 réserve, cédules. (© Ariane Bergeron).

78 Pl. 8. – *Id.*,, fol. 121[v], colophon. (© Ariane Bergeron).

79 Pl. 9. – **1322 *bis***. Paris, hôpital des Quinze-Vingts, obituaire du xve siècle. Paris, Archives nationales, AB XIX 5354, fol. 1[r]. (© J.-L. Lemaitre).

80 Pl. 10. – **1484**. Meaux, grand hôtel-Dieu, obituaire du xive siècle. Pierrefitte-sur-Seine, Archives nationales, 210 AS n. c., fol. 9[r]. (© J.-L. Lemaitre).

81 Pl. 11. – *Id.*, fol. 19[r].

82 Pl. 12. – **2412**. La Grande Chartreuse, nécrologe primitif du xiie siècle. La Grande Chartreuse, arch. du monastère, 2 CAl. 2, fol. 1[r]. (© Monastère de la Grande Chartreuse - L. Borne).

83 Pl. 13. — **2826 a**. Magnac-Laval, obituaire, début xvie siècle. Magnac-Laval, arch. de l'église, n. c. (© E. Sparhubert).

84 Pl. 14. — **2856 *bis***. – Le Puy, église Saint-Laurent, mur nord du chœur, obituaire mural de la famille de Polignac, les vicomtesses (© J.-L. Lemaitre).

85 Pl. 15. – **2860 a**. – Le Puy, église collégiale Saint-Vosy, fragments du nécrologe du xiie-xiiie siècle. Le Puy, arch. dép. de la Haute Loire, G 1053, pièce 5[r]. (© Arch. dép. de la Haute-Loire - A. Rahon).

86 Pl. 16. – *Id.*, pièce 6[v].

TABLES DES MATIÈRES

Préface de Jacques Verger VII

Diocèse de

Lyon, 3.
Autun, 4.
Mâcon, 5.
Rouen, 7.
Lisieux, 8.
Tours, 8.
Saint-Malo, 9.
Sens, 9.
Paris,11.
Meaux, 17.
Soissons, 21.
Arras, 21.
Cambrai, 21.
Tournai, 22.
Amiens, 22.
Strasbourg, 23.
Spire, 35.
Bâle, 36.
Sion, 36.
Grenoble, 37.
Bourges, 37.
Rodez, 38.
Limoges, 38.
Mende, 40.
Le Puy, 40.
Bordeaux, 42.
Agen, 43.
Périgueux, 43.
Narbonne, 43.
Aix-en-Provence, 44.
Apt, 44.
Fréjus, 44.
Avignon, 45.
Toulon, 45.
Senez, 46.

Table cumulative des établissements 47
Index des manuscrits 61
Planches 69
Table des planches 87
Table des matières 89

Imprimé en Belgique
Imprimerie PEETERS
Warotstraat 50, B-3020 Herent
Achevé d'imprimer en décembre 2020
DÉPÔT LÉGAL : 1er TRIMESTRE 2021
ISBN : 978-2-87754-401-6